现代财务管理及其数字化转型研究

龙　敏◎著

中国原子能出版社

图书在版编目（CIP）数据

现代财务管理及其数字化转型研究 / 龙敏著 . -- 北京：中国原子能出版社，2022.11
ISBN 978-7-5221-2600-5

Ⅰ．①现… Ⅱ．①龙… Ⅲ．①企业管理－财务管理－数字化－研究 Ⅳ．① F275

中国版本图书馆 CIP 数据核字（2022）第 248870 号

现代财务管理及其数字化转型研究

出版发行	中国原子能出版社（北京市海淀区阜成路 43 号　100048）
责任编辑	杨晓宇　王　蕾
责任印制	赵　明
印　　刷	北京天恒嘉业印刷有限公司
经　　销	全国新华书店
开　　本	787 mm×1092 mm　　1/16
印　　张	11.75
字　　数	221 千字
版　　次	2022 年 11 月第 1 版　　2022 年 11 月第 1 次印刷
书　　号	ISBN 978-7-5221-2600-5　　定　价 72.00 元

作者简介

　　龙敏，男，毕业于电子科技大学项目管理专业，硕士。现就职于成都锦城学院，教授，高级税务咨询师。研究方向为公司财务管理、税收理论与实务。主讲财务管理、税法、纳税筹划、财务报表分析等课程。主要科研成果：撰写专著1部，主编教材7部；主持国家级子课题1项，主持省级课程2项，主持校级课题5项，参与省教改课题3项，参与政府课题1项；在全国公开刊物《编辑之友》《会计之友》《财会通讯》《财会月刊》《财会研究》《技术经济与管理研究》《中国市场》《会计师》等杂志发表论文20余篇。

前　言

现阶段，社会经济的快速发展促进了科技的快速发展，为数字化时代的到来创造了有利条件。本书研究现代财务管理，专指企业财务管理，并基于此展开企业财务管理及其数字化转型的相关研究。

随着企业的信息化进程不断加快，衍生出许多数字化理念和技术，越来越多地应用到企业财务管理工作中，并对企业财务管理的质量提出了更高的要求。我国企业数量众多，但信息化建设相对滞后，财务管理模式比较传统，加上财务人才短缺、企业信息化和数字化意识普遍不强等因素，导致企业在财务管理数字化转型方面还存在许多问题，限制了企业财务管理水平的提高。基于此，本书对现代财务管理及其数字化转型进行了系统研究。

全书共六章。第一章为绪论，主要阐述了财务管理的特点、财务管理的目标、财务管理的环境、财务管理的作用等内容；第二章为现代财务管理的价值观念，主要阐述了时间价值、风险价值等内容；第三章为现代财务管理的内容构成，主要阐述了筹资管理、投资管理、营业收入管理、利润分配管理、流动资金管理、固定资产管理、无形资产及其他资产管理等内容；第四章为现代财务管理的程序分析，主要阐述了财务预测、财务决策、财务控制、财务分析等内容；第五章为现代财务管理的创新理念，主要阐述了绿色财务管理、人工智能融入财务管理、财务管理信息化建设、区块链技术与财务审计、网络环境下的财务管理等内容；第六章为现代财务管理数字化转型，主要阐述了财务管理数字化转型的必然趋势、财务管理数字化转型的现状分析、财务管理数字化转型的路径探讨等内容。

在本书撰写的过程中，借鉴了国内外很多相关的研究成果，在此对相关学者、专家表示诚挚的感谢。

由于本人水平有限，书中有一些内容还有待进一步深入研究和论证，在此恳切地希望各位同行专家和读者朋友予以斧正。

目　录

第一章 绪 论

现代财务管理作为企业管理的重要内容，随着市场经济的发展、研究的不断丰富以及管理侧重的不同，其在不同的企业有不同定位和内容。现代财务管理是企业围绕经营目标实现所开展的关于资产置备、资本融通、营运现金流管理和利润分配的决策、计划、组织、执行和控制等工作。本章分为财务管理的特点，财务管理的目标，财务管理的环境，财务管理的作用四个部分。主要包括财务管理基本概念、发展历程及内容、特点、理论及模式，财务管理的目标研究、主要目标，财务管理目标的类型及实现财务管理目标的措施，财务管理的经济、法律、金融、技术环境，财务管理在经营活动和管理中的作用等内容。

第一节 财务管理的特点

一、财务管理的概念

早期的财务管理思想起源于西方的资本主义萌芽时代，许多大型的工业城市都出现了以大众方式入股的各类商业组织。商业性股份经济的快速发展在一定程度上要求企业必须合理地预测其资本的需要数额，以有效地筹集资本。

但由于这时的企业对于资本的投放和需求量并不是很高，筹集的渠道与投融资的方式相对比较单一，企业的筹资管理活动只能是附属于其他的商业运作和经营管理，并没有真正形成一个独立的财务管理体系。伴随着西方工业革命的成功，企业规模的持续不断扩张、生产技术的重大提高与改进、工商活动的重大增长，股份制公司快速发展壮大。股份公司的壮大与发展不仅需要吸引资本的需求额度增加，而且使其筹资的途径和方法也随之发生了巨大的改变，筹资活动也得到了进一步的强化。许多企业都在努力创造一个全新的行政管理机构，即财务监督部。至此，财务管理已经开始从传统的企业管理中被剥夺出来，成立了一种特殊的管理专业，至此财务管理逐渐形成一门专门学科。

从上面对于财务管理的基本概念及其产生和应用发展，我们大致可以把其具体理解成为财务管理是在一定的国家整体经济战略目标下，关于固定资产的有效购置（投资）、资金募集、筹资和在其整体经营过程中的实际现金流量（其中包括在其营运中的资金），以及实现盈利后的分配等三个方面进行财务管理。财务管理工作是目前我国大型以上企业日常经济财务管理的一个重要组成环节部分，它主要职责是根据执行国家的有关财经自律法规和规章制度，按照与企业财务经营管理工作有关的基本法律原则，组织各类企业的日常财务经营行为，处理各种企业财务利益联系的一项新型社会主义经济财务管理工作。简单地讲，财务管理工作广泛来说就是指企业组织规范公司财务经营行为，处理好企业财务管理相关事宜所需要做的一种社会经济性管理工作。

财务管理是一门以会计和经济学为基础的管理学科，也称为企业财务。经济学为财务管理提供了较强的理论基础，会计为财务管理提供了财务决策的扎实的数据基础。总体来说，财务管理是在财务活动的筹资、投资、经营和分配中，为了处理财务关系而采用的一种组织方法。

然而，在其100多年的发展过程当中，却没有总结出一个非常全面的概念。随着社会的不断发展进步，财务管理在每个企业的日常管理中也发挥着相当关键的作用。一些企业在日常生产经营管理的实践过程中得出，财务管理的地位显而易见，非常重要，它是企业管理的一个核心内容。

财务管理内容相对比较广泛，长久以来都是颇具争议，中外学者也是看法不一，总体来说首先就是财务管理的基本原则，它是企业财务活动开展的基本准则，也是生产经营的行为规范，对财务管理的方法体系的建立有着很大的帮助。财务管理的实现方法有很多种，主要看看适合企业的是哪种，管理层领导为了完成任务，制定一些举措，这也是财务管理理论结构的基本出发点，如果没有这一基点，所有的理论结构都只是框架，没有实质性的内容，没有任何指导意义。

著名专家王庆成教授对财务管理有自己的看法，他指出"财务管理体系中的基本概念理论重点讲解的实际是资金运动，比较通俗易懂，财务管理的运行规律实际上就是资金运动的运行规律，它的基本程序和方法实际是通常我们认识到的准则，就是资金运动的规律性的运用"。王教授还指出"财务管理的目标、原则、体制的开展离不开一条规律，那就是资金运动规律；职能的主体相关对象、企业环境，主要是从财务管理的基本内容出发并展开的，而相关环节和采用的方法，则主要是资金运动规律性的运用展开的"。

在当前的社会环境下，结合市场经济推进的趋势，可以说财务管理环境明显的特点就是构成复杂、变化快速等，这些特点对财务管理会产生一定的影响，财务管理的相关人员必须对当前的社会环境有一定的分析，并大致预测变化趋势，然后制定出相应的财务运行策略，最终实现财务管理的目标。

二、财务管理的特点

（一）手段智能化

随着计算机辅助管理软件在财务管理工作中应用的不断深入，企业财务管理的信息化和数字化程度不断提升，企业管理手段日趋程序化，管理效率大幅提升。在财务管理中，为了排除人为因素的干扰，最大限度地削减随意性和盲目性的管理，企业引入管理信息系统，这样，企业财务管理日趋缜密和简化。还有，网络技术的运用，使企业财务管理人员可以足不出户，远程财务管理已成现实。财务管理的信息化建设速度是越来越快，会计电算化就是把传统的财务会计的整个过程转移到计算机上进行操作，实现整个会计过程的自动化。

（二）目标多元化

财务管理目标是与经济发展紧密相连的，并随经济形态的转化和社会的进步而不断深化。企业的生存与发展必须依赖员工富有创新性的劳动。为此，企业必须把"员工利益的最大化"纳入其财务管理目标之中，满足与企业关系密切集团的利益需要，也是企业财务管理目标的组成部分。同时，专利权、专有技术、商标、商誉、信息等以知识为基础的无形资产在企业中所发挥的作用越来越大，由此扩展了资本范围，改变了资本结构。而不同的资本所有者对企业均有经济利益方面的要求，这决定了企业经济利益不仅归属于股东，而且还属于相关利益主体。参与企业利益主体的多样性和财务管理活动的层次性，决定了财务管理目标的多元化结构和层次性结构，这就要求财务管理不可能简单等同于以个人利益为主体的个人目标，而是所有参与者利益博弈的结果，即它是所有参与者共同作用和相互妥协的结果，是一个多元化、多层次的目标体系。

（三）对象交叉化

随着我国市场经济的快速稳步发展，社会分工进一步细化，团队协作日显重要。为了更好地适应社会和经济的发展，行业之间、企业之间、企业内部各部门之间，财务管理边界出现了"渗透"，财务管理需要以企业整体为单位，即纵向职能部门的财务小团体的组合，横向职能部门的财务组合，还有其他各部门的密切协作；客户、供应商以及其他与企业保持利益关系的人才都应该纳入财务管理对象之列。这样，跟以往相比，企业财务管理对象就呈现出交叉化的特点，交叉化管理不但能充分挖掘本企业财务潜能，同时也能充分利用相关企业财务管理方面的积极因素。

（四）管理专业化

成本、利润、资金占用是反映企业经营管理水平的综合指标。而财务状况的好坏和财务的管理水平，也制约着企业各个环节、各个部门的工作。财务管理的专业性决定了要做好这项工作，必须解决好两个方面的问题。

① 直接从事财务工作的部门和人员，要主动与其他部门密切结合，为实现企业的经济目标和提高经济效益献计献策。财务部门的人员要走出去，把自己的工作渗透到企业管理的各个方面，为其他部门出主意、想办法，开源节流。财务部门应把这项渗透性的工作看作"分内"的事。为此，财务人员必须具备较高的素质。他们除了应当通晓财务管理学、会计学的专业知识外，还应懂得本企业的生产、技术知识，对企业的其他专业性管理也应懂得一些。

② 企业的各个部门和广大职工，要积极支持、配合财务部门的工作。一个企业要管好财，绝不是财务部门和少数财务人员所能办到的，必须依靠企业上下左右的通力合作。人人当家理财，企业才能财源茂盛。其中，最重要的是企业领导者必须重视、尊重、支持财务部门的工作，充分发挥财务人员的作用。同时，企业领导者自己也要懂得必要的财务管理知识，起码要做到会看财务报表、分析财务报表，并从中发现企业财务管理上存在的问题。

（五）以生存为先导

企业未来财务活动的发展方向、目标以及实现目标的基本途径和策略是企业财务管理战略关注的焦点。企业财务管理战略的总体目标是合理调集、配置和利用资源，谋求企业资金的均衡、有效的流动，构建企业核心竞争力，最终实现企业价值最大化。实施企业财务管理战略管理的价值就在于它能够保持企业健康的财务状况，有效控制企业的财务风险。在市场经济条件下，资金和人力资源作为企业的核心资源，企业一旦陷于困境或破产，人力资源则会重返劳动力市场，难以用来偿债，只有资金类资源才可以用来偿债。这就说明企业在发展战略上，必须坚持以"生存"为先导，始终保持企业的可持续快速发展。

（六）强调科学理财

财务管理的地位和作用，受全球经济一体化进程的加快、跨国公司国际投资引起的国际资本流动以及我国货币融资政策的调控，而日益突出。财务管理必须不断吸收先进的财务管理经验和成果，大力增强现代理财意识，以积极的态度掌握和运用理财的创新工具，努力掌握现代理财技巧，助推企业健康、稳步地实现快速发展，有效化解企业的生存风险。一般来说，企业的生存风险主要包括经营风险和金融风险。经营风险主要存在于产品的更新换代，以及新产品的开发与研制方面；金融风险主要表现在企业的发展越来越离不开金融市场。这是因为金融市场的配置效率越来越高（经济全球化的驱使、信息技术的快速发展、各种金融工具的不断创新、交易费用的相对降低），资金的流动性更强，企业可以充分运用金融工具，合理化解金融风险；将闲置资金在金融市场进行科学投资，提高资金的使用效率。这样，企业的生存发展与金融市场息息相关，企业面临的金融风险将更大。在动态的金融环境中，如经常性的利率、汇率的变动，不利于企业的变动很可能使企业陷入困境，乃至破产。在动态的金融市场中，如果投资组合决策出现失误，可能使企业陷入财务危机。因此，财务管理必须大力提高理财技能，以保证最大限度地降低财务风险。

总之，财务管理是企业赖以生存发展的"血脉"，是企业管理最重要的构成部分之一。可以说，成功的企业必定拥有成功的财务管理。准确把握特点，赢得财务优势，必定赢得竞争优势。

第二节 财务管理的目标

一、财务管理目标国内外研究

（一）国外财务管理的目标

一些学者认为，财务管理不只是对企业经营活动的管理，更多的应该是对组织架构完善的推动，霍普伍德（Hopwood）指出，企业的财务管理并不独立于组织之外，财务管理与社会经济的交流促进了企业的健康发展。一些学者认为，不管时代怎么变化，财务管理的目标和企业运营的目标是保持一致的，2017年斯蒂芬·罗斯（Stephen A.Ross）等在《公司理财》（第11版）中重申，财务管理的目标是最大化现有股票的每股价值，2018年二月尤金·布里格姆在《财务管理》（第14版）中坚持，在美国企业系统中，财务管理的首要目标就是使企业价值最大化，同时管理者应该在争取企业价值最大化的同时遵循一些限制。2021

年斯蒂芬·罗斯等出版《财务管理》（第 10 版），坚持财务管理的目标是使现有所有者权益的市场价值最大化。

（二）国内财务管理的目标

国内关于财务管理目标的研究，近年来大多围绕财务管理的内容和企业的社会责任展开。韦序任在《财务管理》中指出，财务管理是基于企业经营活动中客观存在的财务活动和财务关系而形成的，是企业组织和处理各项财务关系的一项经济管理活动。刘艳宾认为，财务管理在企业管理中占据着无可替代的重要作用，企业如果有高效和健康的财务管理能力，就会对企业的发展起到极大的促进作用。王翔分析指出，企业财务管理一方面是根据自身经营情况，对未来活动进行合理预测，对企业可能面临的风险进行协调和控制，另一方面是采取相应的手段控制日常经营活动费用。甘璐提出，财务工作职能主要源于商贸企业财务联系与相关活动，在财务活动中财务职能主要表现为规划、管控、预测、分析以及决策，会计的职能主要是财务结果的行为管理，是对资金情况组织确认、分析和计量，为商贸企业职员提供正确、实时的资金数据信息，并对会计信息进行有效的传递，其主要职能是核算和监督。

二、财务管理目标的类型

财务管理目标是企业希望通过财务管理达成的目标，是判断企业财务管理活动是否合理的准绳。为了使企业的财务管理理论更加完备，对实际的财务管理进行有效的指导，必须确定合理的财务管理目标。财务管理目标可以反映企业财务状况的变化，是财务管理理论的行动方向与核心因素。

财务管理目标会影响财务管理的运行制度，因此，设定合理的财务管理目标，可以改善企业的财务管理行为，有利于企业实现利润最大化。合理的财务管理目标，不仅是构建合理的财务管理理论框架的必要条件，而且也是完善财务管理活动的必要条件。也就是说，财务管理目标对于财务管理的实际操作和理论都有着关键性的作用。

确立财务管理的最终目标是做好财务管理工作的先决条件。作为企业管理的一部分，企业财务管理应做到全面考虑，保证其目标与企业整体的最终目标相同。从实质上来讲，大部分企业的最终目标都是通过经营和生产活动，获取更大的经济效益，使企业自身的水平得到提升。由于不同企业的管理体系、发展规划不同，在财务管理目标方面也存在一定的差异。

（一）以利润最大化为目标

企业财务管理的目标就是实现经济利润最大化，其中财务管理目标起到了指导性的作用。而财务管理目标的制定则是企业的长远战略目标，通过目标的确立，使企业的经济活动有了具体方向，促使企业将内部资源集中投入决策项目当中，尽可能提高企业内部资源的使用效率，促使企业经济利润达到最大化。

西方微观经济学的理论基础是利润最大化。因此，国外的金融学者一般会根据利润最大化来判断企业的生产经营活动和业务水平。一些专家和学者认为，企业创造的经济效益表现为利润，利润越高，企业的经济效益就越明显，就越靠近企业的整体目标。也就是说，企业在固定时间内的经营收入与经营支出之间的数额差异就是利润额，在计算时应遵循收入费用配比原则，全面地反映出企业的投入与产出之间的关系。

企业的利润直接关系到股东权益。股东对企业净资产的所有权就是股东权益，包括股本、资本公积金、盈余公积金和未分配利润四个方面。其中，股本是指投资方投入企业的全部资金，在不增发的前提下，股本不会增加。资本公积金则是由资产重估增值、股本溢价等形成的。通常情况下，企业的经济效益不是由企业目前的经营状况所决定的，它主要表现在盈余公积金和未分配利润两个方面，而这两个方面容易受到利润的影响。因此，以财会的观点来看，以利润最大化为目标不仅有利于保证股东权益，还有利于企业的发展。

如今，我国在大多数情况下仍然以利润的多少来评价企业的经营状况。例如，企业为了扩大股份而增加投资数额时，要对企业最近三年的盈利状况进行充分的调查；在对企业经理等员工的工作成绩进行评价时，一般会将利润作为核心指标。然而，利润最大化在长期的实践中也表现出以下不足之处。

① 利润最大化没有将项目获得回报的用时纳入考虑的范畴。

② 利润最大化没有将危机状况纳入考虑的范畴。通常情况下，利润越高，危机系数也就越大。如果为了实现利润最大化而选取危机系数较高的投资项目，就可能导致企业的发展受到严重的威胁。

③ 利润最大化未将投入的资金与利润之间的关系纳入考虑的范畴。

④ 利润最大化只能反映企业在过去某阶段的收益情况，不能体现企业在未来的收益状况。虽然净利润可以保证股东权益，增加企业财富，但并不意味着企业持续经营和持久盈利的能力得到了增强，也不能保证股东在未来能够获得回报。

⑤利润最大化可能会令企业的财务策略朝着短期行为的方向发展。一般情况下，利润最大化会使企业将精力集中在企业的盈利上，忽略自身的未来发展。

⑥如果仅以利润作为衡量企业经营状况的标准，可能会导致无法掌握企业经营的真实情况。在同样的财务状况下，财会处理方式的灵活性与丰富性会对利润造成不同的影响。

综上所述，将利润最大化作为企业财务管理的最终目标有着一定的独断性，不是最优的财务管理目标。

（二）以股东财富最大化为目标

通过有效地运用资金，为股东争取最大的经济效益，就是股东财富最大化。在股份制企业内，股东的资产由两个方面决定，分别是股票的价格和股东持有的股票数目。在股票数目固定的情况下，当股票价格的涨幅达到最高时，就可以实现股东财富最大化。因此，股东财富最大化就是股票价格最高化。在做出有效资本市场假说的前提下，可以认为股票价格是衡量股东财富的最佳指标。

有效资本市场假说最早是尤金·法玛（Eugene F.Fama）提出的，他参照所有已经公开的资讯、内部消息与历史消息对股票价格的作用，把有效市场分成了三种，分别为弱式有效市场、半强式有效市场和强式有效市场。在有效的资本市场中，与价格相关的信息能够由证券价格完整、快速地展现出来，这时，股东财富就可以转换为股票价格。虽然目前人们对资本市场的有效性还存在争论，但是严谨来看，有效的资本市场是不能被否定的，而且在市场逐渐趋于完善和监管措施不断加强的背景下，市场已经开始朝着有效的方向发展。

从理论上说，股东财富可以表现为在未来获得的净现金流量，而股票价值就属于净现金流量。股票价值的主要影响因素有两个：一个是企业在未来获得现金流量的能力，另一个是现金流入的时间和风险。由此可见，与利润最大化相比，以股东财富最大化为目标具有以下几点优势。

①股东财富最大化同时考虑了现金流量的风险和获得回报的时间，因为股票价格会受到这两个因素的制约。

②可以从一定程度上改善企业为获取更多的利润而做出的短期行为，因为企业未来获得现金流量的水平决定了股票的价格。

③可以反映资本与收益之间的联系，因为企业投入资本的市场价格会通过股票的价格来体现。

另外，衡量企业财务策略可行性的标准就是股东财富，因为企业的投资、筹资和财务管理策略的效率都可以反映股票的价格。这一点可以通过企业的投资工具模型进行分析。

通过投资工具模型可以基本了解企业的相关情况。投资者股东，即委托人，主要通过金融市场或金融中介向企业提供资金，委托经营者管理企业。企业的经营者是代理人，负责利用股东提供的资金进行投资，与外界（包括市场、竞争对手、政府等）进行货币和实物资产交换，并将获得的利润分配给投资者。此外，经济市场和外部因素会对企业的筹资策略与股利策略产生制约，而这些策略影响着企业的经营规模、资金和利润的增长，还会对企业未来的现金流量产生一定的作用，影响股票的市场价格。因此，企业要在考虑多方因素的前提下制定相关的财务策略，以达到股东财富最大化的目的。

虽然股东财富最大化的观点已经得到了人们的普遍认可，但是雇员、供应商、债权人等与企业经济效益相关的人员在企业的生产经营中扮演着越来越重要的角色。因此，有人提出了相关人员财富最大化的看法。相关人员财富最大化认为，企业在设立财务管理的目标时，不能仅围绕股东的权益，应当平等地看待股东和其他经济利益相关人员（如职工、供应商、政府管理人员、贷款者等）。针对这种看法，支持股东财富最大化的研究人员提出，在实现股东财富最大化的同时，并没有忽视相关人员的利益。股东财富最大化可以使企业的全体资产得到提升，能够保证其他利益相关人员的利益不会受到损害。此外，参照相关的法律法规，股东手中掌握的财务要求权为"剩余要求权"，即在满足其余相关人员的利益后剩下的权利。也就是说，企业应当首先向职工支付薪水，向债权人支付利息，向政府纳税，向供应商支付货款，再向股东分配利润。

契约经济学认为，企业的管理者、员工、供应商等各方利益相关人员通过书面合同确定了合作的相关约定，保护自己的利益不被股东侵犯；即使企业没有与利益相关人员签订书面合同，也会受限于社会道德和法律法规，一旦企业违反了契约中的相关规定，利益相关者就会中断与企业的合作，企业最终也会因此遭受损失。

基于以上几点可以得知，在对股东财富最大化进行限制的前提下，可以将股东财富最大化作为企业财务管理的目标。对股东财富最大化进行限制需要做到以下几点。

① 优先保证利益相关人员的利益，避免出现股东剥削利益相关人员的现象。

② 不包含社会成本。企业在追求股东财富最大化的过程中所消耗的成本都由企业负担。例如，企业在追求股东财富最大化的过程中不能造成严重的环境污染，因为这种环境污染需要政府动用财政资金进行处理。

企业如果能够做到以上两点，那么企业在追求股东财富最大化的过程中与利益相关人员的矛盾将不复存在。企业经营者就可以集中精力实现股东财富最大化的目标，从而使企业存在的意义最大化。

　　需要注意的是，对于已经上市的企业而言，股东财富是一个便于获取的指标。对于未上市的企业而言，其价值就是企业在市场上的售价，或者是投资者转让自己的出资后所获得的现金。然而，对于一个处于正常经营状态的企业而言，其价值很难用这种整体出售的价格来衡量。因此，从实际出发，可以通过产值估算或者参照企业将来的现金流量来衡量企业的价值。

（三）以企业价值最大化为目标

　　就企业价值的概念而言，它可以是一个指标，衡量企业在某种经济行为发生时，所处市场状态下的价值量大小；也可以指企业的社会价值，表明企业为社会创造财富、提供就业、满足国家宏观调控的作用大小；还可以指企业的经济价值，即将企业本身作为一种特殊商品，通过一定的途径来货币化表示。企业价值是企业创造价值的能力和未来的发展潜力。一方面，企业以价值最大化为财务管理目标。因此企业要提升创造价值的能力。另一方面，企业要想长远发展，必须以内外环境的变化相适应，保持竞争优势的持续性。因此，企业价值反映企业追求市场发展能力、市场竞争优势的战略意图。通过对企业价值科学的测定，可以找到增加价值和损毁价值的关键点，企业管理者可以根据情况制定和实施各种战略，增加企业价值，实现企业价值最大化的目标。

　　实现企业价值最大化与多个因素相关，经济利润只是其中一个关键因素，企业需要兼顾资金时间价值以及风险应对能力等因素，财务管理目标的实现需要资金合理分配、人员协调合作以及制度体系匹配等多方面的配合，由此可见财务目标管理是企业实现价值化的工作基础。

　　价值管理是以提高企业的实际市场价值为目标，以企业价值和价值评估为基础，适时地根据环境变化，制定并调整战略规划，合理配置资源，采取组织调整、财务规划、政策选择、流程再造等财务运作方式，解决价值创造流程中的障碍，以增进现金流和提升企业价值为导向的综合性理财模式。它的实质就是为了实现价值创造，最大限度地增加股东财富，从而实现企业价值最大化。为了实现价值最大化，管理者必须做到以下两点。

　　第一，使企业获得稳定而持久的现金流量。企业如果可以为股东创造价值，但自身经营产生的现金不足以支持销售增长，会遇到现金短缺的问题。企业可以采取以下四种措施：① 提高经营效率，应对现金短缺。具体包括减低成本，提高价格，降低营运资金等措施。② 改变财务政策。具体包括停止支付股利和增加借款比例。③ 增发股份。前提是所筹资金要有更高的回报率，否则不能增加股东的财富。④ 兼并成熟企业。

第二，使企业充分利用现金剩余。如果企业自身经营发展速度缓慢，经营产生的现金超过销售增长的需要，就会出现现金剩余。那么企业首选内部投资，扩大产销规模，增大市场份额。此外，还可以收购其他业务，扩大企业规模。如果仍有剩余现金，则可以增加股利支付，回报股东的投资。

（四）以各方利益最大化为目标

企业利益相关者一般指的是企业的股东，股东进行投融资活动就是为了在企业的运营中获得经济收益，但是企业在进行经济活动时可能会承担一定的财务风险，因此就需要在决策之前进行风险分析，通过制定财务管理目标确保工作按计划稳步推进，尽可能降低意外风险的发生概率。除了股东，还有像投资方、债权人、企业管理者、政府、群众等的相关利益，财务管理目标也要实现这些利益相关者的利益最大化。

要想实现各方利益最大化的财务管理目标，必须能够衡量利益相关人员的利益。

衡量投资方的利益的途径有净资产利润率、净资产保值增值率、每股净资产、每股股利、每股收益和每股市价。当这六个指标达到最高值时，就实现了投资方利益最大化。

衡量债权人的利益可以通过财务杠杆率、流动比率、资产负债率、速动比率、利息保障率、现金比率和债务到期偿还率七个指标进行衡量。当这七个指标实现最大化时，就实现了债权人利益最大化。

企业管理者的利益可以通过工资在企业经营效益中所占的比例、工资在企业经营成本中所占的比例、工资涨幅与企业经营效益涨幅之比、工资涨幅与企业经营成本涨幅之比、工资涨幅与企业增加值涨幅之比、工资涨幅与劳动生产效率涨幅之比进行衡量。当以上指标达到最高值时，就实现了企业管理者利益最大化。

政府的利益可以通过六个指标来衡量，分别是税费违规率、税费完成率、社会贡献率、社会积累率、政府投资完成率与社会保障完成率。当税费违规率达到最低、其余几个指标达到最高值时，就实现了政府利益最大化。

群众的利益可以通过维护客户的权益、保护环境、售后服务、劳动督查、劳动保护、安全生产和技术督查七个指标进行衡量。群众利益最大化即在符合相关法律法规的前提下实现以上七个指标的最大化，进而缩减群众利益的损失。

需要注意的是，从某种意义上讲，政府的利益即群众的利益，群众的利益也是政府的利益，不能将二者割裂开来。

综上所述，企业财务管理的最高目标，即实现各方利益最大化。

在企业的财务管理活动中，如果投资者的利益受到了忽视，投资方就有可能选择更换企业管理者，或者选择撤资、转移投资，导致企业无法继续发展；如果债权人的利益受到了忽视，债权人就有可能通过法律途径维护自身的利益，使企业发展受到法律控诉的桎梏，给将来的筹资活动造成阻碍，导致企业难以走出困境；如果企业管理者的利益受到了忽视，会影响企业管理者的工作积极性，导致优秀的企业管理者另谋高就；如果政府的利益受到了忽视，那么企业就容易受到法律制裁与行政处罚；如果企业忽视了群众的利益，那么企业不仅会受到法律制裁与行政处罚，还会遭受群众的反对与谴责。这些都会给企业的长期发展带来阻碍。

因此，唯有将企业财务管理的最高目标设置为各方利益最大化，在财务管理活动中考虑、调和、衡量多方利益，使投资方、债权人、企业管理者、政府与群众同时从企业的经营活动中获利，方可使企业保持长期、稳定的发展。

共同富裕是中国特色社会主义的根本原则。投资方、债权人、企业管理者、政府与群众是一个企业的利益主体，将利益主体的利益最大化作为企业财务管理的最高目标，从本质上体现了中国特色社会主义的基本要求。由此可见，债权人、投资方、企业管理者、政府与群众的利益最大化与资本主义体制下的股东财富最大化存在本质上的差异。

（五）以经济增加值最大化为目标

经济增加值（EVA）又称经济附加值，是经调整的企业税后净营业利润扣除企业全部资本成本后的余额。它能够更为充分地体现企业创造价值的先进管理理念，比较全面地考虑了企业的资本成本，有利于促进资源的合理配置，有利于促进企业致力于为自身和社会创造更多的财富。企业如果将"经济增加值最大化为财务管理目标"为企业财务管理价值观，那么就会将经济增加值目标应用于财务管理中筹资、投资和股利分配决策中。具体表现在以下几点。

①筹资决策。EVA理论将资本成本概念引入到了筹资决策考虑因素中。此外，

EVA 的筹资决策目标是满足企业正常生产和持续发展的资金需要，保持随时再筹到足够数量资金的能力，降低资本成本和筹资风险，提高筹资竞争力，实现企业财务管理目标。这一点，与传统的筹资决策目标完全吻合。

② 投资决策。EVA 理论认为，企业的股权资本与债务资本相同，也是存在成本的。既然是成本，就需要企业用投资项目所获得的收益来补充。因此企业在进行投资项目可行性分析的时候，会将这一成本因素考虑在内。这样企业所做的决策就更加明智。

③ 股利分配决策。企业管理者在制定股利政策时，要全面系统地考虑公司的内外环境。不同的生长周期有着不同的经营状况和财务状况，因此企业在起步期尽量不分配股利，而是将股东投入的资本用于高额回报率的投资项目上；在成长期，企业产生的现金如果需要再投资，那么股利分配率就要保持在一个较低的水平上；企业到了成熟阶段，筹资和运营能力都保持在一个相对高的水平上，并趋于稳定，此时，企业管理者当局要将更多的股利回报给投资者。当企业处于衰退期的时候，股利分配率会达到最高。所以，要实现 EVA 最大化，就要在企业不同的生长阶段实施不同的股利发展政策，这一点也是与传统收益分配政策如出一辙。

经济增加值是一种全新的管理理念。以经济增加值最大化作为企业财务管理目标也是一种全新的尝试。它更注重企业的可持续健康发展。企业将经济增加值应用到绩效考核、激励计划和企业并购等方面，必定为企业增加价值创造财富提供一种可借鉴的管理模式。

三、财务管理目标与利益的冲突

（一）委托—代理问题与利益冲突

20 世纪 30 年代，美国经济学家伯利（Bede）和米恩斯（Means）因为洞悉企业所有者兼具经营者的做法存在着极大的弊端，于是提出"委托—代理理论"，倡导所有权和经营权分离，企业所有者保留剩余索取权，而将经营权利让渡。与委托—代理问题有关的利益冲突是财务管理目标更深层次的问题，委托—代理问题的存在及其利益冲突的有效协调直接关系到财务管理目标实现的程度。

传统的委托—代理问题是指由于企业的所有权和经营权的分离而导致的债权人与股东、企业管理者与股东之间的代理问题。美国学者迈克尔·詹森（Michael

Jensen）和威廉·梅克林（William Meckling）认为，由于企业的管理状况在不断变化，主要的委托—代理问题体现为中小股东与大股东之间的关系，而这一委托—代理问题必将引起代理人和委托人之间的利益冲突。

1. 企业管理者与股东之间的矛盾

企业管理者受股东的委托管理企业，与所有股东一起分享企业利润。企业管理者期望能够获取更多的利益（如提升薪水、空余时间和在职消费等），股东却期盼运用最少的管理成本获取最丰厚的股东财富，这就形成了企业管理者与股东之间的矛盾。化解这一矛盾可以采用鼓励、制约和惩罚三种方法。

首先是鼓励。鼓励就是将企业管理者的薪酬与其工作业绩联系起来，促使企业管理者积极主动地运用各类举措提升业绩，从而实现股东财富最大化的目标。鼓励可以分成两种形式：一种是绩效股的形式，即根据制定的绩效评价标准对企业管理者的业务水平进行评估，再根据评估结果给予企业管理者相应的股票数目；另一种是对企业管理者实行股票期权策略，即允许企业管理者在约定的时间内以提前商定的价格购入股票。

其次是制约。机构投资者掌握着企业大部分的股票，对企业的运营具有关键的作用。他们可以与企业管理者展开谈判，并对企业的经营发表看法。实际上，机构投资者已经成为分散股东的代言人。

最后是惩罚。一旦企业管理者的工作出现了重大失误，如未遵守相关的法律规定等，股东大会有权解聘企业管理者。

2. 中小股东与大股东之间的矛盾

一般情况下，控股股东是企业最大的股东。大股东拥有企业大部分的股份，可以对董事会与股东大会的决策进行控制，也可以任命企业的最高管理层，以达到控制企业的目的。中小股东持有的股份一般较少，通常无法参与企业的经营管理。虽然中小股东有权依据持股的比例要求企业保证其利益，但是因为大股东与中小股东获取的信息存在巨大的偏差，所以大股东极易通过各种途径侵犯中小股东的利益。

大股东侵犯中小股东的利益主要表现在以下五个方面：①通过联络性贸易实现企业的利益转移。②采用不法手段侵占企业的巨额资金，或者以企业的名义进行恶意融资与担保。③欺侮企业的中小投资方，散布缺乏真实性的消息，控制股票的价格。④将专项津贴和薪酬超额支付给大股东派遣的高级管理人员。⑤通过不合理的股利策略导致中小股东的利益遭受侵害。

目前，大股东侵害中小股东利益的情况屡见不鲜。因此，如何保护中小股东的利益成为一个亟待解决的问题。目前，保护中小股东利益的策略主要有以下几种。

首先，要使企业的管理体系更加完善，使董事会、监事会和股东大会能够互相监督和制约。具体而言，首先要运用法律，增加投票权、知情权和裁决权在中小股东中的比重。《公司法》要求股东大会在选举监事或董事时，可以依据股东大会的决议或企业章程的规定，采取累积投票制。由此可以防止大股东对监事或董事的选举加以控制，弥补"一股一票"投票制的缺陷；对股东浏览与拷贝企业的相关政策、会计账簿与经济报告等权限进行了相关说明；增强董事会中独立董事的比例，在董事会中行使表决权，为维护中小股东的利益发声；完善监事会，使监事会能够监管企业管理者与董事会，从本质上确保监事会的自主性，同时给予监事会更大的起诉与监管权限。

其次，要对企业的信息披露体制加以规范，确保信息的完整性、真实性和时效性。信息的完整性即全面公开可能对投资方做出决策产生影响的信息；信息的真实性意味着应在公示消息中公布企业运营的真实情况；信息的时效性则意味着信息的传递要及时，以便投资方迅速地做出相关决定。此外，要对展示信息的原则与财会系统加以改善，增强对披露信息的监督力度，对于擅自披露信息的行为要严加惩治。

3. 债权人与股东之间的矛盾

当债权人将资金借给企业时，企业与债权人之间就产生了委托—代理关系。然而，当企业运用债权人提供的资金取得了较大收益时，股东可能会侵犯债权人的利益。

债权人遇到风险时具有以下两种对策：①债权人会在债务相关条款中设置规范性的条款，以维护自身的利益不受损失；②如果债权人发现自己被股东利用，就会减少与企业的业务往来，还可能会要求企业以高利率的方式补偿自身的损失。这些措施可以一定程度上限制股东的行为。

（二）社会责任与利益冲突

要想实现股东财富最大化，企业必须承担社会责任，而承担社会责任需要付出一定的代价。为了弥补成本，企业就会对产品的售价进行提升，这不可避免地会导致企业在与同行业其他企业的角逐中处于弱势的地位。此外，如果企业在社会公益类活动中投入了大量的资源，企业也会面对源于资本市场的重重困难。因为在资本市场中，投资方往往对利润增加和股价上涨的企业予以高度重视，而对为社会公益活动投入大量资源的企业淡然置之。

尽管股东财富最大化的目标与承担社会责任之间存在矛盾，但企业必须承担社会责任。实际上，股东财富最大化与企业所需要承担的社会责任密切相关。企业不仅要积极主动地承担社会责任，而且还要通过法律法规规范自身行为，坚守产品安全，严格履行劳动合同，维护消费者的权益，防治污染，遵守相关法律法规等。

四、实现财务管理目标的措施

企业的财务管理目标受多方面因素的制约，由于不同企业财务管理的出发点存在差异，其财务管理目标也会有所不同，但它们有一个共同的标准，即企业价值最大化。实现企业财务管理目标的措施主要有以下四点。

① 制订完善的财务计划，并保证财务计划符合企业的整体战略目标，促进实现企业自身价值的最大化。首先，要根据企业的总体目标，拟定详细的财务管理策略，不仅要考虑财务方面的问题，而且还要考虑企业将来可能会遇到的多种状况，提升企业应对突发状况的能力，把握为企业带来利润的机遇。其次，在明确财务管理策略后，要提前对资本进行估算，进而细化各种预算，如现金的收入和支出、长期投资举措和短期信用贷款等，并将其作为企业进行财务管理的基础和依据。

② 使企业的投资回报率达到最大。调控成本是企业获取利润的基础性渠道，但仅依靠调控成本通常无法改变企业的危机状况。企业在管理流动资金、投资、证券时，要尽量减少成本，以获取最大的利润，从而最大限度地提高企业的整体边际效应。

③ 使企业的资金运用率达到最大。要使企业获利，低廉的成本和高资金利用率必不可少。转变资金的利用方式，运用有限的资金生产更多的高利润产品，可有效地改善资金运用率，激活存量资金，提升产品的数量，改进产品的功能结构，销售满足社会需求的产品既是市场的战略，也是成本—利润战略。从企业的策略角度来看，提升资金的运用率是实现企业价值最大化的实用性渠道。

④ 对财务进行正确的解析。一般情况下，企业在提高内部的监管能力时，倾向于对提升企业的盈利水平、筹资构造展开解析，对企业过去的经济状况和运营效果进行判断，对企业将来的运行态势进行预估。这样有利于企业发现亟待解决的问题，提升企业的经济效益和应收账目的转化率，为企业提供有价值的参考信息，帮助企业早日达成财务管理目标。

第三节 财务管理的环境

一、经济环境

经济环境是指影响那些对企业财务活动的各种经济因素，例如，经济发展水平、经济周期、通货膨胀、政府的经济政策等。

（一）经济发展水平

经济发展水平制约并决定着财务管理水平的高低，经济越发达财务管理水平也越高。同时在不同经济发展水平下，财务管理的内涵和要求也有较大差异。随着我国经济的高速发展，企业财务管理水平日益增高，财务管理内容也更加丰富，方法也更加多样化。因此，企业财务管理工作者必须积极探索与经济发展水平相适应的财务管理模式。

（二）经济周期

市场经济总是在周期性波动中运行，并依次经历萧条、复苏、繁荣和衰退四个不同阶段，这就是经济周期。而在不同阶段企业理财的方法、原则、具体措施等都会有很大差异。例如，在繁荣阶段企业一般会增加投资、扩大生产，而在萧条时期通常会收缩投资、加速资金回笼。另外，作为一个高水平的理财人员，总是要对经济的周期性波动做出预测，并适度调整理财策略和方法。

（三）通货膨胀

通货膨胀是指流通中的货币供应量超过商品流通所需量而引起价格普遍和持续上升的一种经济现象。通货膨胀会引起价格不断上升，货币贬值，严重影响企业经济活动，为解决成本上升、商品滞销、企业资金周转困难、成本补偿不足、虚盈实亏、企业资金流失等，企业必须采用积极主动的措施来减少通货膨胀所造成的负面影响，如使用套期保值、签订长期合同等办法。

（四）政府的经济政策

我国经济体制改革的目标是建立社会主义市场经济体制，以进一步解放和发展生产力。在这个总目标的指导下，我国正在进行财税体制、金融体制、外汇体制、外贸体制、计划体制、价格体制、投资体制，社会保障制度、会计准则体系等各项改革。所有这些改革措施，不仅深刻地影响着我国的经济生活，而且也深刻地影响着我国企业的发展和财务活动的运行。经济政策对企业财务管理的影响是非常大的，这就要求企业财务管理人员必须把握经济政策，更好地为企业的财务管理活动服务。

二、财税政策环境

财税政策环境就是指财税政策及其变动对企业财务管理的影响和制约关系。国家财政一方面以税收和上缴利润形式将企业利润的相当份额予以征收；另一方面又以财政支出，包括公共支出、投资支出、补贴支出等形式将财政收入加以分配。这些分配的支出中很大一部分成了国有企业原始投资和技术改造拨款的来源，成了企业享受国家政策性补贴的来源。国家的财政状况及其相应的财税政策，对于企业资金供应和税收负担以及企业收入等都有着重要的影响。

当国家采取紧缩的财税政策时，一方面国家会增加税目，提高税率，以增加财政收入；另一方面国家会减少公共支出和国家投资。同时，国家会在公开市场中通过卖出业务收缩货币流通量。

当国家采取扩张的财税政策时，一方面国家会减少税目，降低税率，以使更多的纯收入留归企业用于扩大再生产；另一方面国家会增加公共支出和国家投资。同时，国家会在公开市场中通过买入业务扩张货币流通量。

无论是收缩还是扩张的财税政策都会直接影响企业的财务活动，企业财务管理应当适应这种政策导向，合理组织财务活动。大体上讲，财税政策环境会对财务管理产生以下影响。

①国家采取紧缩的财税政策时，会使企业纯收入留归企业的部分减少，企业现金流出增加，现金流入相对减少以至绝对减少，增加企业的资金紧缺程度。与此相应，企业应控制投资规模，增收节支，约束自我积累，积极寻找新的资金来源，适当增加利润留存比重。

②国家采取扩张的财税政策时，会使企业纯收入留归企业的部分增加，企业从国家获得投资和补贴的可能性增加。这必然会使企业现金流入增加，现金流出相对减少以至绝对减少，结果使企业资金出现盈余。与此相应，企业应积极寻找新的投资领域，扩大投资规模，减少对外筹资数量，适当增加派利比重。

③国家调整税收政策和财政支出政策时，企业应善于用好用足政策调整给企业带来的潜在好处，合理进行税务筹划和财政补贴筹划，以期获得最大的政策利益。

④ 国家调整税收政策和财政支出政策时，企业应善于把握其政策导向，如产业导向和生产力布局导向，及时调整投资方向，谋求最大投资收益。

从以上分析可以看出，财税政策环境对企业财务管理的影响和制约是最为直接、有效的，它是与财务管理直接相关的环境因素。

三、金融环境

企业总是需要资金从事投资和经营活动，而资金的取得，除了自有资金外，主要从金融机构和金融市场取得。金融政策的变化必然会影响企业的筹资、投资和资金运营活动。所以，金融环境是企业最为主要的环境因素之一。

（一）金融机构

一般包括银行金融机构和其他金融机构。银行金融机构主要包括各种商业银行和政策性银行。商业银行，包括国有四大商业银行和其他商业银行；国家政策性银行主要包括中国进出口银行、国家开发银行等。其他金融机构包括金融资产管理公司、信托投资公司、财务公司和金融租赁公司等。

（二）金融工具

金融工具是能够证明债券债务关系或所有权关系，并据以进行货币资金交易的合法凭证，它对于交易双方所应承担的义务与享有的权利均具有法律效力。金融工具一般具有期限性、流动性、风险性和收益性等四个基本特征：① 期限性是指金融工具一般规定了偿还期，也就是规定债务人必须全部归还本金之前所经历的时间；② 流动性是指金融工具在必要时迅速转变为现金而不致遭受损失的能力；③ 风险性是指购买金融工具的本金和预订收益遭受损失的可能性。一般包括信用风险和市场两个方面；④ 收益性是指持有金融工具所能够带来的一定收益。金融工具若按期限不同可分为货币市场工具和资本市场工具。

（三）金融市场

金融市场是指资金供应者和资金需求者双方通过金融工具进行交易的场所。从企业财务管理的角度来看，金融市场作为资金融通的场所，是企业向社会筹集资金必不可少的条件。财务管理人员必须熟悉金融市场的各种类型和管理规则，有效地利用金融市场来组织资金的筹措和进行资本投资等活动。

（四）利率

利率也称利息率，是利息占本金的百分比指标。从资金的借贷关系看，利率是一定时期内运用资金资源的交易价格。资金作为一种特殊商品，以利率为价格标准的融通，实质上是资源通过利率实行的再分配，因此利率在资金分配及企业财务决策中起着十分重要的作用。

四、法律环境

在市场经济条件下，企业总是在一定的法律前提下从事其各项业务活动的。一方面，法律提出了企业从事各项业务活动必须遵守的规范或前提条件，从而对企业行为进行约束；另一方面，法律也为企业依法从事各项业务活动提供了保护。在市场经济中，政府通常要建立一个完整的法律体系来维护市场秩序。

从企业的角度看，这个法律体系涉及企业设立、企业运转、企业合并和分立以及企业的破产清理。其中，企业运转又分为对企业从事生产经营活动的法律规定和企业从事财务活动的法律规定。一般来说，企业设立、合并和分立是通过《中华人民共和国公司法》（以下简称《公司法》）进行约束的；企业破产清理是通过《中华人民共和国破产法》（以下简称《破产法》）进行约束的；企业生产经营活动主要是通过《中华人民共和国民法典》《中华人民共和国消费者权益保护法》《中华人民共和国环境保护法》《中华人民共和国反垄断法》等进行约束的。企业财务活动是通过《中华人民共和国会计法》《中华人民共和国证券法》《中华人民共和国票据法》《企业财务通则》、企业会计准则以及税法及相关规定等进行约束的。

此外，在企业设立、合并和分立以及破产的有关法律规定中，其主要内容都直接与财务活动相联系。将这些内容与对财务活动运行过程进行规定的法律联结起来，就可以形成一个完整的有关财务活动的法律体系，它对财务管理会产生直接的影响和制约作用，而有关企业生产经营活动的法律规定也会对财务管理产生间接的影响和制约作用。从整体上说，法律环境对财务管理的影响和制约有以下几个方面。

① 在筹资活动中，国家通过法律规定了筹资的最低规模和结构，规定了筹资的前提条件和基本程序。

② 在投资活动中，国家通过法律规定了投资的基本前提、投资的基本程序和应履行的手续。

③ 在分配活动中，国家通过法律规定了企业分配的类型或结构、分配的方式和程序、分配过程中应履行的手续，以及分配的数量。

④ 在生产经营活动中，国家规定的各项法律也会引起财务安排的变动，或者说在财务活动中必须予以考虑。

五、技术环境

财务管理的技术环境，是指财务管理得以实现的技术手段和技术条件，它决定着财务管理的效率和效果。目前，我国进行财务管理所依据的会计信息是通过会计系统所提供的，占企业经济信息总量的60%～70%。在企业内部，会计信息主要是提供给管理层决策使用，而在企业外部，会计信息则主要是为企业的投资者、债权人等提供服务。目前，会计信息化工作要建立健全会计信息化法规体系和会计信息化标准体系，全力打造会计信息化人才队伍，基本实现企业会计信息化与经营管理信息化的融合，进一步提升企业的管理水平和风险防范能力，做到资源共享，便于不同信息使用者获取、分析和利用，进行投资和相关决策，基本实现会计师事务所采用信息化手段对客户的财务报告和内部控制进行审计，进一步提升社会审计质量和效率；基本实现政府会计管理和会计监督的信息化，进一步提升会计管理水平和监管效能。通过全面推进会计信息化工作，使我国的会计信息化达到或接近世界先进水平。我国企业会计信息化的全面推进，必将进一步完善和优化企业财务管理的技术环境。

第四节　财务管理的作用

一、财务管理在企业经营中的作用

企业从事经济活动，必须拥有一定数量的资金购置生产资料、支付职工工资和维持日常开支。企业资金的筹集、组织是由财务活动实现的。这是财务管理的基本职能或一般要求。财务部门根据企业生产经营任务，按照节约使用资金的原则，确定必需的资金数量。通过正确组织和使用银行贷款以及企业内部形成的资金来源等渠道，使企业所需要的资金得到及时供应。通过有计划地调度资金，组织资金收支在数量上和时间上的衔接与平衡，保证资金循环、周转的畅通无阻。此外，通过经常分析资金在生产经营各个阶段上的占用情况，找出不合理的占用因素，采取措施加速资金周转。

财务管理的作用还在于严格控制、监督各项资金的使用，降低资金占用。财务部门组织资金供应，要按照国家政策和规章制度及企业财务制度办事，严格控制开支范围和开支标准，在保证需要的前提下力求减少生产过程和流通过程中的资金占用，提高资金的利用效率。

① 由企业意识文化决定。企业创立和发展的动力在于经济价值的创造，因此企业财务管理目标的制定也是围绕经济价值创造，而经济价值则是与企业的产品质量、成本管理等方面相关，而这些因素则是企业文化制度的产物，由此可见，企业的财务管理工作是由企业的意识文化决定的。

② 与市场运行环境关联。我国市场经济受国家政策宏观调控，而国家政策法律必然会对企业的行为产生影响，因此企业的财务管理工作必然需要结合国家出台的文件要求，并及时做出合理反应，以此避免遭受经济损失。

③ 与资产保值增值相关。企业的研发、生产以及销售等活动都需要涉及企业的资产价值发挥，而企业产品卖出则为企业带来了新的经济收益，以此来维持企业良好运营，而企业要想长久发展运营，就需要确保经济收益明显大于企业运营成本，以此来实现企业资产的保值增值。

企业的生产由面向仓库转为面向市场，产品主要由市场进行调节。生产什么、生产多少，要适应市场的需要，因此，企业的经营决策对企业至关重要。正确的经营决策在能够满足社会和人民群众需要的同时，还能给企业带来较多的盈利。与此相适应，财务管理也要冲破传统观念，提出新的研究课题，开辟新的研究领域。目前，我国有些企业的财务部门，结合实际学习国外经验，在财务管理方面进行了有益的尝试。他们变静态管理为动态管理，利用有利的条件主动参与企业经营各个环节的预测、组织调节和监督检查。由于财务部门的管理职能渗透到经济活动的各个环节，因而掌握着企业中比较完整、系统、总和的信息。财务部门结合市场预测进行不同的定量分析，在得失相比中选择最优比值，为企业领导者经营决策提供方案。

搞好财务管理，对宏观经济也有着重要的意义和作用。主要表现在，加强财务管理是改善国家财政状况、保证财政收入不断增长的重要途径。企业是国家财政收入的主要源泉。企业财务状况直接影响、决定着国家的财政状况。加强财务管理，对确保国家财政收入有两个作用：第一，财务工作做好了，可以有效降低劳动消耗，提高企业的经济效益和盈利水平。在企业与国家的分配比例确定的情况下，企业盈利多了，自己可以多留，国家可以多得。通过发展生产提高经济效益来扩大财源，是增加财政收入的根本出路。企业的经济效益搞上去了，国家的财源才能充裕。第二，加强财务管理，严格执行国家规定，及时、足额地缴纳税利，从而达到企业财务管理的最佳应用效果。

二、财务管理在企业管理中的作用

财务管理是企业整个管理工作中的一个重要方面。企业较高的管理水平和较好的经济效益，是同健全的财务管理工作分不开的。财务管理在企业管理中的作用主要表现在如下几个方面。

（一）加快财务资金流动性

目前我国企业资金闲置现象比较普遍，一方面是由于企业存在很多不用材料和设备，另一方面企业贷款较重，在资金的运用方面有待改善。针对这一问题，企业应当每年集中进行盘查，列出积压清单，及时列出报废资产，并尽可能将报废资产转为货币资金。

（二）充分发挥资金调度作用

一方面，企业为了维持正常的运作，要对资金进行合理分配。企业要采取适当的措施进行资金的统一安排，根据任务的轻重缓急合理安排工作顺序。另一方面，企业要安排财务部门将各部门的用款计划进行呈报，确保资金的合理使用。

无论是对于国家还是企业而言，人才都是十分重要的发展动力。对企业的财务管理而言，领导干部必须具备一定的财务管理素质。要加强对财务管理相关知识的学习，比如税收、金融、财务等法律法规，同时领导要重视财务管理，积极参与财务管理活动。而财务干部也要及时参与企业的经营管理和重大决策，不断学习财务管理理论知识，树立终身学习的理念。

随着市场经济的发展，企业财务管理的作用越来越重要，我国企业的财务管理中存在诸多问题，比如日常操作不规范、工作落实不到位、财务管理职责混乱等问题，企业应当通过盘活存量资产，处理沉淀资金，编制资金使用计划、重视人才管理等方面来加强企业的财务管理，让财务管理发挥更重要的积极作用，促进企业的持久发展。

（三）提高经济效益的重要手段

提高经济效益，是要以尽量少的劳动消耗和物化劳动消耗，生产出尽可能多的符合社会需要的产品。能否把我们的全部经济工作转到以提高经济效益为中心的轨道上来，直接关系到我国的经济振兴，关系到现代化建设的成败。提高经济效益是一个大课题，需要多层次，多层面地相互协作才能奏效。就企业而言，在确定产品方向，确保产品质量的前提下提高经济效益，就要在降低劳动消耗上下功夫。而财务管理的重要任务，正是合理地使用资金和设备、加强经济核算、挖掘一切潜力等，这些无一不是围绕降低消耗这个目标展开的。财务管理在提高企业的经济效益方面，至少可以发挥三种重要的作用。

1. 反应作用

企业经营好坏、效益高低，是实实在在的东西，不能凭印象，而是要经过详细的、科学的计算和分析才能准确地反映出来。需要对企业在生产经营过程中原材料的消耗、劳动力价值形式进行科学的归纳、计算，没有这种扎扎实实的计算，经济效益的好坏就无从判断。反应经济效益最重要的信息是财务报表。企业在一个时期花费了多少、盈利了多少，通过财务报表可以看得清清楚楚。

2. 控制监督作用

财务部门通过制定财务计划和财务制度，确定各项产品和劳务的成本，规定各种费用标准，严格按定额和开支标准办事，就能有效地控制消耗水平。否则，原材料消耗和开支便无章可循，任意挥霍浪费，提高经济效益就是一句空话。发挥财务的控制和监督作用，还可以使职工的生产经营活动有一个共同遵守的准则，有利于建设正常的生产管理秩序。这是提高经济效益的需要，也是建设现代化企业所必须具备的条件。

3. 参谋作用

财务部门通过分析资金运动中出现的问题，可以敏锐地发现、揭示出资金运动背后掩盖着的经营管理中的问题，及时向企业领导有关部门提出建议。同时，财务部门通过经济活动分析，把实际消耗水平与计划水平相比较，就能够找出差距和薄弱环节，为降低消耗、提高经济效益出谋划策。

第二章 现代财务管理的价值观念

现代财务管理的价值观念是以价值管理为主线，贯穿于财务管理活动中各个环节中的理念，这个理念是价值观念、管理哲学等的融合体，它是组织成员对财务管理活动所产生的观念、所持的态度、处理问题的方式等。为了有效地组织财务管理工作，实现财务管理的目标，企业财务管理人员必须树立一些基本的财务管理观念，都必须考虑资金时间价值和投资风险价值问题。本章分为资金时间价值和投资风险价值两个部分，主要包括资金时间价值的概念、作用、计算方法及计算，财务风险管理概述，财务管理的风险价值、运用意义、作用机制及具体运用等内容。

第一节 资金时间价值

一、资金时间价值的概念

资金的时间价值又称为货币的时间价值，其含义是资金作为企业的一种必需的资源，通过时间的发展，在进行投资后所新增的价值。相同的资金在不同的时间其价值是不同的，资金作为企业最为宝贵的财富，在企业不断地经营中是在慢慢增加的。企业经营的目的是获得更大的企业价值，在资金方面就体现在资金的增加，只有这样才能为企业创造出利润和价值。这种由于时间的改变而引起的资金价值变动的价值就是货币时间价值。马克思主义政治经济学的观点是，货币时间价值来源于工人的劳动创造。这种观点从根本上揭示了货币时间价值的内涵，表面上看货币通过时间来实现自身的增值，而实际上都是来自工人的创造，其中的一部分成为工人的工资，而剩下的就是资本家获得的超额利润。

在企业的经营活动中，资金是在不断周转之中的，企业不会因为业务的需求而保有大量的现金。资金的运作过程应该遵循这样的规律，如果把资金投入到生产领域，那么通过生产销售就可以实现这部分资金的保值增值，这是通常的资金流动模式。在另一种情况下，企业可以从银行等机构中借入所需的资金，这时银行或者其他机构就会向企业收取利息，企业为了获得发展，就要使资本的运作效率——资本报酬率要大于借入成本的利息率，这样企业就可以利用财务杠杆作用实现自身的发展，这也是目前企业经营最常见的方式。此外，企业在经营中还应该考虑企业自有资金的因素，这部分资本金可以贷给其他企业获取利息收入，而丧失的这部分收益可以看作机会成本，也可以看成是货币时间价值的另一种表现形式。

资金不会自动随时间变化而增值，闲置的资金不会增值，而且还可能随着通货膨胀贬值，资金在生产和流通过程中，只有在投资过程中才会有收益，随着时间推移而产生的增值，是货币所有者让渡其使用权而参与社会财富分配的一种形式。资金时间价值来源于资金进入社会再生产过程后的价值增值，其实质是资金周转使用后带来的利润或实现的增值。公司将筹资的资金用于购建劳动资料和劳动对象，劳动者借以进行生产经营活动，从而实现价值转移和价值创造，带来货币的增值。

相同的资金在不同的时点上，其价值是不同的，资金时间价值可以被看成是资金的使用成本。由于社会资源具有稀缺性特征，又能够带来更多社会产品，所以现在物品的效用要高于未来物品的效用。从经济学角度而言，现在的货币能够支配现在商品满足人们现实需要，而将来货币只能支配将来商品满足人们将来不确定需要，如果要节省现在的一元不消费而改在一年后消费，因为现在单位货币价值要高于未来单位货币的价值，所以在一年后消费时必须有大于一元可供消费，作为弥补延迟消费的贴水，投资者进行投资就必须推迟消费，对投资者放弃现期消费应给予报酬，利息便是这一报酬，这种报酬的量应与推迟的时间成正比。

资金的时间价值有两种表现形式，即相对数和绝对数。绝对数即时间价值额，是指资金在运用过程中所增加的价值数额，即一定数额的资金与时间价值率的乘积，也是使用货币资本的机会成本，衡量资金时间价值的大小通常是用利息，其实质内容是社会资金的平均利润。资金时间价值是时间的函数，随时间的推移而发生价值的变化。相对数即时间价值率，一般用无风险的投资收益率来代替。在实务中，国库券利率、银行存、贷款利率、各种债券利率，都可以看作是投资报酬率，然而它们并非时间价值率，只有在没有风险和通货膨胀情况下，这些报酬才与时间价值率相同。由于国债的信誉度最高、风险最小，所以如果通货膨胀率很低就可以将国债利率视同时间价值率。货币的时间价值是公司资金利润率的最低限度。

财务管理中对时间价值的研究，主要是对资金的筹集、投放、使用和收回等从量上进行分析，以便找出适用于分析方案的数学模型，改善财务决策的质量。企业在生产经营决策中将货币时间价值作为一个重要的因素来考虑，在筹资管理中，资金的获取是需要付出代价的，这个代价就是资金成本。资金成本直接关系到企业的经济效益，是筹资决策需要考虑的一个首要问题；在项目投资决策中，项目投资的长期性决定了必须考虑货币时间价值。由于竞争，市场经济中各部门投资的利润率趋于平均化，每个企业在投资某项目时，至少要取得社会平均的利润率，否则不如投资于另外的项目或另外的行业。因此，货币的时间价值成为评价投资方案的基本标准；在证券投资管理中，收益现值法是证券估价的主要方法，同样要求考虑货币时间价值；在企业存货管理中，对销售积压存货、保管费用等，都应充分考虑货币的时间价值，以使资金发挥最大的经济效益。

二、资金时间价值的作用

① 资金时间价值是评价投资方案是否可行的基本依据。因为资金时间价值是扣除风险报酬和通货膨胀等因素后的社会平均资金利润率，如果投资方案的利润报酬率低于时间价值，则该方案经济效益状况不佳；如果投资方案的利润报酬率高于时间价值，则该方案经济效益良好，方案可行。

② 资金时间价值是评价企业收益的尺度。企业作为营利性的组织，其主要的财务目标是实现企业价值最大化，不断增加股东财富。为此，企业经营者必须充分调动和利用各种经济资源去实现预期的收益，而这个预期的收益水平就是以社会平均资金的利润率为标准。

由此，资金时间价值就成为评价企业收益的基本尺度。

三、资金时间价值的计算

由于资金具有时间价值，因此同一笔资金，在不同的时间点，其价值是不同的。计算资金的时间价值，其实质就是不同时间点上资金价值的等值换算。等值换算是指不同时间点上的不同金额，在某一折现率条件下具有相等的价值。

反映资金时间价值的财务指标，主要有终值和现值两种。现值是指未来某一时间点上的一定量资金折算到现在所对应的金额，也就是本金，通常记作 P。终值又称将来值，是现在一定量的资金折算到未来某一时间点所对应的金额，也就是本利和，通常记作 F。现值和终值是相对的，第五年相对于第一年来说是终值但相对于第十年来说是现值。连接现值和终值并实现两者相互折算的百分数称为

27

折现率。资金时间价值有绝对数和相对数，分别用利息和利率表示，利率经常被当作折现率使用。现值和终值对应的时点之间可以划分为若干个计息周期。

（一）单利计算

1. 单利计算的概念

单利是指只对本金计算利息的一种计息方式，在这种计息方式下，只按本金计算利息，不管时间多长，期间利息支付与否，所产生的利息均不参与计算利息，即利不生利。

2. 单利终值与现值的计算

单利是指只对借贷的原始金额或本金计算利息的一种计息方法。我国银行存款一般是按照单利计算利息。在单利终值与现值的计算中，设定以下符号。

P —— 现值；

F —— 终值；

i —— 折现率，通常用利率替代，指每年利息与本金之比；

n —— 计息期期数，表示第几期期末；

I —— 利息。

期数 i 与利率 n 要对应，如果 i 为年利率，n 为几年，如果 i 为月利率，n 为几个月。

（1）单利终值的计算

单利终值是本金与未来利息之和，其计算公式如下。

$$利息 I = P \cdot i \cdot n$$

$$终值 F = P + I = P + P \cdot i \cdot n = P(1 + i \cdot n)$$

式中，$(1 + i \cdot n)$ 称为单利终值系数。

（2）单利现值的计算

单利现值是确定未来终值的现在价值。根据 $F = P(1 + i \cdot n)$ 得到单利现值的计算公式如下。

$$P = F \cdot \frac{1}{1 + i \cdot n}$$

式中，分式 $\dfrac{1}{1+i\cdot n}$ 称为单利现值系数。

（二）复利计算

1. 复利计算的概念

复利是指除了本金产生利息外，利息也要产生利息。

在复利制下，每经过一个利息计算期，均将上一期本金所产生的利息，连本带利一起视为本金，滚动到下一期计算利息，逐期累计，俗称"利滚利"。

2. 复利终值与现值的计算

复利，就是不仅本金要计算利息，本金所生的利息在下期也要加入本金一起计算利息，即通常所说的"利滚利"，我国银行贷款一般是按照复利计算。相比较而言，复利法更能确切地反映本金及其增值部分的时间价值。

（1）复利终值的计算

复利终值是指一定数量的本金在一定的利率下，按照复利的方法计算出的若干时期以后的本金和利息。n 年后复利终值的计算公式如下。

$$F = P(1+i)$$
$$I_n = P(1+i)^n - P$$

式中，$(1+i)^n$ 称为复利终值系数，用符号（F/P，i，n）表示。

（2）复利现值的计算

复利现值是指未来一定时间的特定资金，按复利计算的现在价值，即为取得未来一定本利和现在所需要的本金。

现值可由终值扣除资金时间价值的因素后求得，这种由终值求现值的方法称为贴现（或折现）法。折算时使用的利率称为折现率。

根据 $F=P(1+i)^n$ 得到复利现值的计算公式如下。

$$P = F \cdot \dfrac{1}{(1+i)^n}$$

式中的分式 $\dfrac{1}{(1+i)^n}$ 称为复利现值系数，用符号（P/F，i，n）表示。

（三）年金计算

1. 年金计算的概念

年金是指在一段时间内等额、定期、连续发生的系列收支款项。在实际工作中，分期收付款、分期偿还贷款、发放养老金、分期支付工程款等，都属于年金收付形式。按照收付的次数和支付的时间划分，年金有以下几类：普通年金、预付年金、递延年金和永续年金。

①普通年金是指在一定时期内每期期末等额发生的系列收付款项，又称后付年金。

②预付年金是指在每期期初等额支付的年金，又称即付年金或先付年金。

③递延年金是指第一次收付款发生时间不在第一期期末，而是隔若干期后才开始连续发生的系列等额收付款项。它是普通年金的特殊形式，凡是不从第一期开始收付的普通年金都是递延年金。

④永续年金是指无限期等额收付的特种年金，可视为普通年金的特殊形式，即期限趋于无穷的普通年金。由于永续年金持续期无限，没有终止的时间，因此没有终值，只有现值。

需要注意的是，年金的特点是等额、定期和连续。但是，年金的时间间隔不一定为一年，只要时间间隔相等，例如以月或以季度为时间间隔的收付款，都可称为年金。

2. 年金终值与现值的计算

年金是指一定时期内一系列相等金额的收付款项，即等额、定期的系列收支。每期流入（或流出）的金额通常记作 A。年金具有两个特点：一是金额相等；二是时间间隔相等。在现实工作中年金应用很广泛，如分期付款赊购、分期偿还贷款、发放养老金、分期支付工程款、每年相同的销售收入支付租金、提取折旧等都属于年金收付形式。

年金按其每次收付款项发生的时间点不同可以分为普通年金、即付年金、递延年金、永续年金等。在年金的计算中，设定以下符号。

A —— 每年收付的金额；

i —— 利率；

F —— 年金终值；

P —— 年金现值；

n —— 期数。

（1）普通年金终值与现值的计算

普通年金又称后付年金，是指从第一期开始，在一定时期内每期期末等额收付的系列款项，即各期期末收付的年金。普通年金有时也简称年金。

① 普通年金终值的计算。普通年金终值是指其最后一次支付时的本利和，它是每期期末等额收付款项的复利终值之和。设每年的支付金额为 A ，利率为 i ，期数为 n ，则根据复利终值的方法计算年金终值 F ，计算公式如下。

设每年的支付金额为 A ，利率为 i ，期数为 n ，则根据复利终值的方法计算年金终值 F ，计算公式如下。

$$F = A + A(1+i) + A(1+i)^2 + A(1+i)^3 + \cdots + A(1+i)^{n-1}$$

式中各项为等比数列，首项是 A ，公比是 $1+i$ ，根据等比数列求和公式得年金终值计算公式如下。

$$F = \frac{A \cdot \left[1 - (1+i)^n\right]}{1 - (1+i)} = A \cdot \frac{(1+i)^n - 1}{i}$$

式中，分式 $\frac{(1+i)^n - 1}{i}$ 称为年金终值系数，是普通年金为 1 元、利率为 i 、经过 n 期的年金终值，记作 $(F/A,i,n)$ 。上式也可写作如下。

$$F = A \cdot (F/A,i,n)$$

② 普通年金现值的计算。普通年金现值是指一定时期内为在每期期末收付相等金额的款项，现在需要的金额。根据复利现值的方法计算年金现值 P 的计算公式如下。

$$P = A(1+i)^{-1} + A(1+i)^{-2} + A(1+i)^{-3} + \cdots + A(1+i)^{-n}$$

式中各项为等比数列，首项是 A ，公比是 $(1+i)^{-1}$ ，根据等比数列求和公式：

$$P = A \cdot \frac{1 - (1+i)^{-n}}{i} = A \cdot \frac{1}{i}\left[1 - \frac{1}{(1+i)^n}\right] = A \cdot \frac{(1+i)^n - 1}{i(1+i)^n}$$

式中，分式 $\dfrac{(1+i)^n-1}{i(1+i)^n}$，或 $\dfrac{1}{i}\left[1-\dfrac{1}{(1+i)^n}\right]$ 称为年金现值系数，是指普通年金为 1 元，利率为 i，经过 n 期的年金现值，记为 $(P/A,i,n)$。上式也可写作如下形式。

$$P = A \cdot (P/A,i,n)$$

（2）即付年金终值和现值的计算

① 即付年金终值的计算。即付年金（也称预付年金）的终值是其最后一期期末的本利和，是各期期初收付款项的复利终值之和。

即付年金终值的计算公式如下。

$$F = A \cdot (1+i)^1 + A \cdot (1+i)^2 + \cdots + A \cdot (1+i)^n$$

式中各项为等比数列，首项为 $A \cdot (1+i)$，公比为 $1+i$，根据等比数列的求和公式可知：

$$F = \frac{A \cdot (1+i) \cdot \left[1-(1+i)^n\right]}{1-(1+i)} = A \cdot \frac{(1+i)-(1+i)^{n+1}}{-i} = A \cdot \left[\frac{(1+i)^{n+1}-1}{i}-1\right]$$

式中的 $\left[\dfrac{(1+i)^{n+1}-1}{i}-1\right]$ 是即付年金终值系数，它是在普通年金终值系数的基础上，期数加 1，系数减 1 所得的结果，通常记作 $\left[(F/A,i,n+1)-1\right]$。

② 即付年金现值的计算。即付年金现值是各期期初首付款项的复利现值之和，其计算公式如下。

$$P = A + A(1+i)^{-1} + A(1+i)^{-2} + \cdots + A(1+i)^{-(n-1)}$$

式中各项为等比数列，首项是 A，公比是 $(1+i)^{-1}$，根据等比数列的求和公式，可知如下公式。

$$P = \frac{A \cdot \left[1-(1+i)^{-n}\right]}{1-(1+i)^{-1}} = A \cdot \frac{\left[1-(1+i)^{-n}\right](1+i)}{i} = A \cdot \left[\frac{1-(1+i)^{-(n-1)}}{i}+1\right]$$

式中 $\left[\dfrac{1-(1+i)^{-(n-1)}}{i}+1\right]$ 是即付年金现值系数，它是在普通年金现值系数的基础上，期数减1，系数加一所得的结果，通常记作 $[(P/A,i,n-1)+1]$。

（3）递延年金终值和现值的计算

递延年金是指第一次收付款发生时间不在第一期期末，而是间隔若干期后才发生的系列等额收付款项，是普通年金的特殊形式。

① 递延年金终值的计算。递延年金终值的计算方法与普通年金终值的计算方法相同，其终值的大小与递延期限无关，其计算公式如下。

$$F = A \cdot (F/A,i,n)$$

式中，n 表示的是 A 的个数，与递延期无关。

② 递延年金现值的计算。递延年金现值的计算方法有如下两种。

第一种计算方法的公式如下。

$$P = A \cdot \left[\frac{1-(1+i)^{-(m+n)}}{i} - \frac{1-(1+i)^{-m}}{i} \right] = A \cdot \left[(P/A,i,m+n) - (P/A,i,m) \right]$$

上式是先计算出 $m+n$ 期的普通年金现值，然后减去前 m 期的普通年金现值，即得递延年金的现值。

第二种计算方法的计算公式如下。

$$P = A \cdot \frac{1-(1+i)^{-n}}{i} \cdot (1+i)^{-m} = A \cdot (P/A,i,n) \cdot (P/F,i,m)$$

上式是先将递延年金视为 n 期普通年金，求出在第 $m+1$ 期期初的现值，然后再折算到第一期期初，即得递延年金的现值。

（4）永续年金现值的计算

永续年金是指无限期等额收付的特种年金，即期限趋于无穷的普通年金。由于永续年金持续期无限，没有终止的时间，因而没有终值，只有现值。永续年金的现值可以通过普通年金现值的计算公式如下。

$$P = A \cdot \frac{1-(1+i)^{-n}}{i}$$

当 $n \to \infty$ 时，$(1+i)^{-n}$ 的极限为零，故上式可写成如下公式。

$$P = \frac{A}{i}$$

四、财务管理中资金时间价值的运用意义

资金时间价值有其自身的规律，正确认识和充分利用这些规律，对于现代企业发展和现代化经济建设有着积极意义。

① 充分运用到财务管理中，使会计信息更加客观真实。时间价值在财务管理中应用很广，比如运用到企业融资性质购买固定资产和无形资产、资产减值计算过程中的预计未来现金流量现值或有负债中确定最佳估计数以及以递延方式收取合同收入价款和融资租赁中等。充分将货币时间价值的观念应用到财务管理实务中，能够如实地反映资产和负债的真实价值，所提供的会计信息更加客观真实，从而保证了决策的相关性和有用性。

② 充分运用到财务管理中，使企业加强财务管理决策。利用货币时间价值观念，可以计算投资项目的预期收益，研究投资项目的可行性，选出最佳投资方案。从而避免了资金的损失和浪费，使投资资金产生较大的经济收益。另外，在进行筹资决策时，考虑货币时间价值，可以选择适合企业情况的筹资方式，有效地降低资本成本，优化资本结构，增大资金的收益率。因此，企业的财务决策离不开货币时间。

③ 对宏观经济的影响。肯定货币的时间价值就会得到发展，否定货币的时间价值就会受到惩罚。因此，必须转变观念，充分认识和重视货币的时间价值，用货币的时间价值规律来解释、指导经济建设中的资金运动，才不至于碰钉子，使经济建设顺利进行并取得成效。

第二节 财务风险价值

一、财务风险概述

（一）财务风险定义

风险意味着事件是不确定的。公司经常在生产和运营过程中遇到不能100%确定结果的事件。财务风险是指由于企业内外环境的变化和各种难以控制的因素而存在的不确定性，使企业有一定的损失可能性。

从狭义上讲，财务风险等于融资风险，即企业无法通过借款在规定的时间内偿还本金和利息的风险。这种观点将金融风险的来源与债务融资联系起来。如果一家公司没有负债，就肯定没有财务风险。然而，为了扩大投资和生产规模，企

业需要外部融资，债务融资只是一种渠道，有利于企业的财务杠杆和提高利润水平。然而，高回报和高风险是密切相关的，企业在使用杠杆的同时增加了财务风险。

广义上的财务风险是将导致企业实际收入与预期收入之间的差距的各种风险因素叠加到一起。这里面包含了可以数据化的风险因素指标以及不可数据化的风险因素指标。显然，这样的观点一般比狭义概念更为重要，因为它不仅包括资金的风险，在投资及运营过程中所涉及的风险也被纳入研究的范畴之中。企业的财务管理受到外部政策及市场环境及内部控制机制的综合影响，因而从广义视角分析财务风险有助于公司管理层充分理解公司面临的各种财务风险。

综上，财务风险不只是由单一的财务活动环节产生的，无论是筹资环节、投资环节、营运环境，还是收益分配环节，都存在形成财务风险的潜在因素，而学者们也更偏向于从广义角度管理企业的财务风险。

（二）财务风险类型

企业的经营需要经历资金的筹集、资金在企业外部与内部之间的使用以及期末对于利润的分配，在资本运转的几个环节中，企业的经营状况都面临一定的不确定性，都有财务风险产生的可能，根据这些特点，以及财务风险的来源不同，所以它的外在表现也有很大差异。

1. 筹资风险

筹资风险是指企业因生产经营及企业战略需要等，选择向外部借款的方式来满足经营需求，但借入的资金有可能不能得到很好的利用，没有带来预期的利润，从而使企业到期无钱偿还借款。物流行业的筹资风险，容易受到物流市场变动的影响。企业的经营无法脱离资金的扶持，一个企业经营发展壮大首先从筹资开始。一般的资金筹集方式主要是股权筹资和债务筹资，股权筹资会分散企业控制权，但不会有定期还款压力，财务风险较小。债务筹资主要有向银行借款、融资租赁等模式。对于股权筹资来说，它是基于企业良好的信誉，投资者抱着获得收益的目标而进行的筹资，如果企业的经营出现问题，无法给企业所有者带来预期收益，那么就会降低企业的市场价值，使得筹资难度加大。对于债务筹资来说，如果借入资金不能为企业带来利润，导致企业失去还款能力，很可能给企业造成严重的财务风险。

2. 投资风险

投资风险是指企业在进行对外投资和对内投资的过程中，由于各种不可预测因素导致企业对未来投资收益的不确定性，使得企业有可能出现收益减少甚至丧失本金的情况。对于物流行业来说，其投资周期长，发生投资风险的可能性较大。投资活动因其投资的最终目的不同，可以分为对企业的全局与长期目标进行规划的战略性投资，比如调整经营方向和升级换代新产品投资；和投资风险相对较小，维持当前业务的有序开展而进行的维持性投资，例如企业升级旧的设备等。在进行投资活动时，要进行可行性分析，合理配置资源，使有限资金发挥最大作用。

3. 营运风险

营运风险是指因企业资金周转效率低下等原因，使得企业在管理方面面临一定的不确定性，给企业财务状况带来消极影响，导致企业的生产循环无法顺利完成，造成经济损失的可能性。当企业因为储存的货量增加、回款不畅、提前付款从而使得现金流转的速度变慢，销售规模扩大超过其财务资源允许的业务量时就会引发营运风险的产生。经营生产活动中的资金流转充满不确定性，企业要及时对财务调控中存在的障碍进行有效的疏导、提升财务运营过程中的执行力，从而使得内部财务部门与其他部门的衔接性、协调性得到有效提升，部门运转配合正常，企业的经营风险与收益，未来的运营与规划才能得到良好兼顾，企业才能实现利润的最大化。

4. 收益分配风险

对企业赚取的利润按一定标准或规定进行分配，如果分配不合理就会导致风险的产生。首先需要进行以前年度亏损的弥补，企业的获利最终是为了追求经营规模的扩大，所以企业的利润必须有一部分用于企业内部的周转使用，另一部分则是分配给企业的投资者。留存收益是为了让企业在正常生产经营的情况下增强企业实力，不但能够提高企业抗风险能力，而且能够增加企业发展的长远性和稳定性。收益分配的多少也会对投资者的积极性产生直接的影响，分配的利润过少会使公司形象受损而导致股价下跌。所以，企业在进行收入分配时，应当统筹兼顾，考虑到企业对资金需要量的大小来进行合理安排，优化资本结构，增强企业获利能力和发展后劲。

（三）财务风险识别及评价

财务风险识别是进行财务风险评价与控制的第一步，通过分析企业所处的内外部环境，从而能够对企业经营中存在的因素得到有效的剖析，消除未来经营过程中的不利影响。

财务风险识别方法主要有定量和定性两种方法：①定量分析方法。定量分析方法包括报表分析法和财务指标分析法。报表分析法是根据对企业的财务报表以及其相关信息进行归纳，并在此基础上提炼概括报表摘要，以此来发掘、深入了解企业财务风险的分析方法。财务指标分析法是利用报表数据计算、比较、分析企业各种财务指标信息来测量财务数据，实事求是地反映企业经营的数据走势与变化，实现对企业财务风险的有效控制。② 定性分析方法。定性分析方法主要包括专家评议分析法和头脑风暴法。两种方法都是集思广益，利用专家的经验、知识对问题进行论证或者发散思维，全方面思考，得出的结论更加科学合理。不同的是头脑风暴法更加发挥专家们的主观能动性、创新性，而专家评议分析法是将各位专家对各项目的意见进行整理综合。

财务风险评价是在错综复杂的影响因素中，查究真相，针对识别出的财务风险，选择能反映企业风险情况的财务比率，然后运用一定的财务评价方法，判断企业的财务风险水平。

财务风险评价方法，主要有定性评价和定量评价两种：① 定性评价方法。利用对财务风险领域的相关了解以及自己的经验判断为基础，强调观察、分析与归纳，考虑的角度较为全面，但是有人为主观因素的影响，评价结果弹性较大。对企业财务风险的评价不能仅依靠经验与判断，而应借助不同的量化方法与工具，实现科学、有效、准确地评价。在此方面，众多学者做了广泛探讨与实践应用。② 定量评价方法。以企业的财务数据为基础，借助于量化指标，按照数量分析方法，得出反映企业财务风险的数值或者评分，对评价对象做出客观的价值判断。常见的定量评价方法有 Z 计分模型法、功效系数法、层次分析以及因子分析法。

（四）财务风险防控

风险防控涵盖了对风险的"防"和"控"两个方面，即预防可能将发生的风险和控制已经发生风险所带来的影响和损失。所谓的风险防控就是风险管理实施者通过采取一系列相关措施和方法，提前预防、消除或者减少风险事件的发生概率，或者是减轻风险事情发生后所带来的负面影响和损失。

18 世纪，法国著名的"经济管理之父"法约尔，第一次将风险的管理提出并作为对企业管理的一项不可忽略工作。第二次世界大战以后，人类大量地开发和利用新工程技术、新原材料和新能源，社会经济虽然得到了全面的发展，但同时也给我们的社会也造成了新的危机和风险。这种潜在的"风险威胁"推动风险管理走向科学化，至此风险管理已经在全球范围内广泛地被研究与传播。至此风险管理在世界范围内得到研究和传播。

当今，风险的防控已经是企业在经营和管理中一个重要关键环节，为了进一步增强对于员工风险的防控意识，风险管理实施人员需要通过各种手段促使或者减轻其在企业中所有风险事故中发生的可能性，消灭或者降低其在企业中所有风险事故中发生的不同可能性，或减轻其在企业中所有风险事故中所造成的损失。

风险防控的主要目的就是以付诸最小的成本方式，来获取最大的安全保障，通过风险管理消除和降低可能发生的潜在风险，将可能发生的风险提前控制在最小范围。

对风险进行防控成效的关键是对风险节点的辨认和评价，即对潜在风险的领域，也就是我们称之为风险影响因素的收集。风险辨认能力是否完善全面、齐备，是否精确，直接决定了对风险的辨认与对风险的控制。建立一套完整、操作性强的风险评估体系就更为重要。具体体现：① 对思想道德行为风险控制的一般性和有效的预防措施。思想道德的风险主要来源于在社会经济生活中的世界观、自我信仰等各个方面发生的偏差，控制其风险的普遍模式：即以正面鼓励为主，批和教育为辅；真善美行动为体，道德自信为先；立足于教育，反复加以强化。② 采取有效措施控制各项业务岗位管理人员功能职责丧失风险的一种常见性和不可预防性的方法。岗位管理风险主要广泛存在于每一个企业岗位上，控制其岗位风险的基本模式：即人员定岗、岗位确认、确定岗位检查责任制、岗位过错责任过失追究制、岗位检查责任批评奖惩制、岗位绩效考核奖惩制等激励机制。③ 采取有效控制体系机制中的风险和一般性的预防策略。制度和机制中存在的风险主要来源于对制度和机构的不健全或者在制度的执行、落实上管理不到位，控制其风险的基本方法是：原则性、灵活性和协调性。④ 对控制经营流程中的风险采取一般性的预防和控制措施。业务流程的风险是贯穿在企业权利和运行的整个过程，控制各种业务流程风险的基本模式大致可以总结出来，即政府部门制定规范，相关部门执行规范，监督部门实施检查，考核评比，最后奖罚兑现。⑤ 对于内外部环境可能发生重大风险的制定通用性风险预防控制策略。外部环境的各种风险因外部或其他主要外部客观原因而自然地直接产生，控制外部风险的这种普遍性按其模式可分为：控制即风险排查和预警锁定外部风险、日常排查预警风险机制和日常风险监测。

财务风险的控制要在财务活动发生之前进行预判和避免，财务活动过程中进行监督，财务风险发生之后进行反馈处理，具体又有以下四种方法：① 财务风险回避法。企业在选择理财产品、理财方案时，首先要对各种理财的产品与方案进行综合的分析与研究，在确保实现能够达到财务管理目标前提下，从中选择风险系数较小的方案，以此来规避财务风险。针对股权投资需要谨慎选择，虽然它可能带来较为客观的投资收益，但是从风险回避的角度出发，应当谨慎选择。谨慎选择不代表不能进行风险性投资，有时企业为达到某种目的，适当的承担风险也是很有必要的，这个时候也可以进行股权投资。② 财务风险转移法。企业通过借助合同法、保险公司等方式在付出一定的资金代价后，把自己承担的风险控制在合理范围内，而把承受能力之外的风险转嫁给他人。风险转移是事前控制的手段，企业应因地制宜制定不同的财务风险转移方法。例如，企业可以通过与保险公司合作，在对财务风险识别判断后，通过购买保险的方式将财务风险进行有效转移。对于上市公司来说，可以采用包销方式发行，以此控制企业的财务风险。不管以哪种模式，最终的目的就是将财务风险一部分或者整体转移给他人承担，从而实现对财务风险有效的转移。③ 财务风险分散法。通过企业之间的合作共赢，或者进行收益风险不同的多项投资等，以此来达到财务风险的分散。通常企业为了实现风险共担，往往采用与其他公司进行共同投资，以此来分散投资带来的风险，最大可能性的减少因一家公司投资带来的财务风险。从投资时间角度来讲，时间较长的投资大于一年内投资；对投资者的区别来说，股权投资是投资者结合收益和风险自主选择，其风险要大于债权投资，从债券投资的角度讲，多种证券组合投资风险要小于把资金都用在一个项目的投资上，因为组合投资可以有效地分散企业管理等原因带来的那部分风险。当然，风险与收益密切相关，并成正相关性。④ 财务风险降低法。对于已知的财务风险，通过实施各种手段来达到降低财务风险的办法。这样的方法有很多种，企业通过确保正常经营的资金链稳定的情况下，酌情减少负债在整个资金中的占比。在市场宏观大环境出现波动的情况下，往往企业发行的股票会发生难以预测且较大的变化，及时减少股票投资的占比，往往能够有效地降低财务风险。在市场大环境中，企业往往可以通过优化流程提升效率，改进工艺提高质量，培养人才梯队提升管理能力，降低产品损耗提升利润等方式来应对市场的变化，降低风险。另外，企业也可以通过第三方管理咨询公司例如 IBM、麦肯锡、艾哲森、SAP 等对企业进行咨询风险把控，对日常的流程综合诊断，企业的产品市场定位重新论证，建立完善的风险控制体系，以此来降低风险。

二、财务管理的风险价值

企业的目标有利润最大化、每股利润最大化以及企业价值最大化等几种主流的模式，但综合考虑企业价值最大化的模式更加切合企业的实际。在研究企业价值的时候，折现率作为一个最重要的因素是必须进行科学、准确的计量。在分析折现率的时候，就会涉及风险因素，只有综合了风险因素，企业的价值分析才具有实际的操作意义，才能够为决策者提供有用的信息。

（一）风险价值概念

对于风险的研究，是财务学、金融学和投资学的重要理论课题，不同的学者对于风险的观点也大相径庭。有人认为风险是一种危险，可能会导致企业经营的失败；也有人认为风险代表一种机会，它可以使投资者获得超额的报酬；但大部分的研究认为，风险是一种不确定性，既可能对企业产生正面的效应，也可能使企业或投资者步入深渊。对于风险的看法仁者见仁智者见智，风险对于企业来说是一把双刃剑，正确地关注风险，注意风险因素，充分发掘其中蕴藏的投资机会，可以使得投资者获得良好的发展机会。较高的收益投资必然伴随着较高的投资风险，从博弈论的观点上来分析，并不是每个人都可以获得高额的报酬，机会是留给能够准确评估风险和识别风险的人或组织。企业的经营活动是时刻与风险相伴的，风险一方面是带给企业不确定的影响，另一方面会给企业带来机遇，并产生价值，这就是所说的风险价值。

（二）投资风险价值

1.投资风险价值的概念

投资风险价值是指投资者由于冒着风险进行投资而获得的超过资金时间价值的额外收益，又称投资风险收益、投资风险报酬。

投资风险价值可用风险收益额和风险收益率表示。投资者由于冒着风险进行投资而获得的超过资金时间价值的额外收益，称为风险收益额；风险收益额对于投资额的比率，则为风险收益率。在实际工作中，通常以风险收益率进行计量。

在不考虑通货膨胀的情况下，投资收益率包括两部分：一部分是无风险投资收益率，即资金时间价值（R_r）；另一部分是风险投资收益率（R_n），即风险价值。其基本关系是：投资收益率等于无风险投资收益率和风险投资收益率之和。

2.投资风险价值的计算

风险收益具有不易计量的特性。要计算在一定风险条件下的投资收益，必须利用概率论的方法，按未来年度预期收益的平均偏离程度来进行估量。

（1）概率分布和预期收益

一个事件的概率是指这一事件的某种后果可能发生的机会。企业投资收益率为 25% 的概率为 0.40，就意味着企业获得 25% 的投资收益率的可能性是 40%。如果把某一事件所有可能的结果都列示出来，对每一结果给予一定的概率，便可构成概率的分布。

概率以 P_i 表示，n 表示可能出现的所有结果的个数。任何概率都要符合以下两条规则：① 每一个随机变量的概率最小为 0，最大为 1；不可能小于 0，也不可能大于 1。② 全部概率之和必须等于 1，即 100%。

根据某一事件的概率分布情况，可以计算出预期收益。预期收益又称收益期望值，是指某一投资方案未来收益的各种可能结果，用概率为权数计算出来的加权平均数，是加权平均的中心值。其计算公式如下。

$$\overline{E} = \sum_{i=1}^{n} X_i \cdot P_i$$

式中：$\overline{E}$ 为预期收益；X_i 为第 i 种可能结果的收益；P_i 为第 i 种可能结果的概率；n 为可能结果的个数。

在预期收益相同的情况下，投资的风险程度同收益的概率分布有密切的联系。概率分布越集中，实际可能的结果就会越接近预期收益，实际收益率低于预期收益率的可能性就越小，投资的风险程度也就越小；反之，概率分布越分散，投资的风险程度也就越大。为了清晰地观察概率的离散程度，可根据概率分布表绘制概率分布图进行分析。

概率分布有两种类型：一种是不连续的概率分布，即概率分布在几个特定的随机变量点上，概率分布图形成几条个别的直线；另一种是连续的概率分布，即概率分布在一定区间的连续各点上，概率分布图形成由一条曲线覆盖的平面。

但是，在实践中，经济情况在极度繁荣和极度衰退之间可能发生无数种可能的结果，有着许多个概率，而不是只有繁荣、一般、较差三种可能性。如果对每一种可能的结果给予适当的概率，就可以绘制连续的概率分布图。概率分布愈集中，概率分布图中的峰度越高，投资风险就越低。因为概率分布越集中，实际可能的结果就越接近预期收益，实际收益率低于预期收益率的可能性就越小。

（2）风险收益的衡量

投资风险程度究竟如何计量，这是一个比较复杂的问题，目前通常以能反映概率分布离散程度的标准离差来确定。根据标准离差计算投资风险收益，可按以下步骤进行。

第一步，计算投资项目的预期收益。

第二步，计算投资项目的收益标准离差。各种收益可能值（随机变量）与期望值的综合偏离程度是多少，不能用三个偏差值相加的办法求得，而只能用求解偏差平方和开平方的方法来计算标准离差。计算公式如下。

$$\text{标准离差}\delta = \sqrt{\sum_{i=1}^{n}\left(\text{随机变量}X_i - \text{期望值}\overline{E}\right)^2 \times \text{概率}P_i}$$

标准离差是由各种可能值（随机变量）与期望值之间的差距所决定的。它们之间的差距越大，说明随机变量的可变性越大，意味着各种可能情况与期望值的差别越大；反之，它们之间的差距越小，说明随机变量越接近于期望值，就意味着风险越小。所以，收益标准离差的大小，可以看作是投资风险大小的具体标志。

第三步，计算投资项目收益的标准离差率。标准离差是反映随机变量离散程度的一个指标，但它是一个绝对值，而不是一个相对值，只能用来比较预期收益率相同的投资项目的风险程度，而不能用来比较预期收益率不同的投资项目的风险程度。为了比较预期收益率不同的投资项目的风险程度，还必须求得标准离差和预期收益的比值，即标准离差率。其计算公式如下。

$$\text{标准离差率}V = \frac{\text{标准离差}\delta}{\text{期望值}\overline{E}} \times 100\%$$

第四步，计算投资项目的应得风险收益率。标准离差率虽然可以评价投资风险程度的大小，但它不是风险收益率。由于风险程度越大，其收益率也应该越高，因此要计算风险收益率，必须借助一个系数——风险价值系数。其公式如下。

$$\text{应得风险收益率}R_n = \text{风险价值系数}b \times \text{标准离差率}V$$

第五步，计算投资方案的预测投资收益率，权衡投资方案是否可取。按照上述程序计算出来的风险收益率，是在现有风险程度下要求的风险收益率。为了判断某一投资方案的优劣，可将预测风险收益率同应得风险收益率进行比较，研究预测风险收益率是否大于应得风险收益率。对于投资者来说，预测的风险收益率越大越好。无风险收益率即资金时间价值是已知的，根据无风险收益率和预测投资收益率，可求得预测风险收益率，预测投资收益率等于预测收益额占投资额的比例，预测风险收益率等于预测投资收益率与无风险收益率之差。

以上对投资风险程度的衡量，是就一个投资方案而言的。如果有多个投资方案供选择，那么进行投资决策总的原则应该是：投资收益率越高越好，风险程度越低越好。具体说来有以下几种情况：① 如果两个投资方案的预期投资收益率基本相同，应当选择标准离差率较低的方案；② 如果两个投资方案的标准离差率基本相同，应当选择预期投资收益率较高的方案；③ 如果甲方案预期投资收益率高于乙方案，而其标准离差率低于乙方案，则应当选择甲方案；④ 如果甲方案预期投资收益率高于乙方案，而其标准离差率也高于乙方案，则不能一概而论，而要取决于投资者对风险的态度。有的投资者愿意冒较大的风险，以追求较高的收益率，可能选择甲方案；有的投资者则不愿意冒较大的风险，宁肯接受较低的收益率，可能选择乙方案。但如果甲方案收益率高于乙方案的程度大，而其收益标准离差率高于乙方案的程度较小，则选择甲方案可能是比较适宜的。

应当指出，风险价值计算的结果具有一定的假定性，并不十分精确。研究投资风险价值原理，主要是在进行投资决策时，树立风险价值观念，认真权衡风险与收益的关系，选择有可能避免风险、分散风险，并获得较多收益的投资方案。

三、财务管理中风险价值的运用意义

风险价值是指在一定的置信水平下，金融资产或证券组合在未来一段时期内可能出现的损失，主要用于量化投资风险，为风险预测、风险防范以及绩效评价提供量化依据。对于企业财务管理而言，引入风险价值量化工具的重要意义体现在以下方面。

（一）有利于化解财务危机

在企业财务管理中不可避免地会面临财务风险，从财务风险的形成原因上来看，既包括市场经济环境、政策环境、行业特征等外在因素，又包括企业投资决策、经营管理、制度执行等内在因素。若企业未能有效应对财务风险，则会使企业陷入财务危机。而企业在财务管理中引入风险价值工具，能够帮助企业经营者制定针对性的应对策略，有效化解财务危机，避免企业陷入破产困境。

（二）有利于强化财务风险分析

在传统的风险管理中一直缺少量化的风险衡量方法，难以形象化地描述出企业面临的风险大小，同时也未能全面考虑内外风险因素对企业经营管理的影响。

而风险价值指标容纳了传统财务评估指标与市场风险评价指标，可量化资产投资组合发生的风险概率以及风险程度，便于企业开展精细化的风险管理。同时，利用风险价值对风险情况进行评价，还能够为企业分析风险成因、预测风险危害、预测未来一段时期内的财务状况提供可靠依据。

四、财务管理中风险价值的作用机制

（一）企业战略与风险价值

企业的战略是每一家企业都拥有的未来发展的指导思想。战略作为高层次的管理理念，在任何时间、任何地点、任何领域都在深刻地影响着企业的经营活动。风险价值是伴随着企业经营活动的始终，作为企业应该凭借着事先确立好的企业战略，利用可以带来的机遇来实现自身的发展，获得更高的企业价值。企业的战略有多种形式，一般来说，公司成长型战略可以分为一体化战略、密集型战略和多元化战略。每个战略都有自身的特点，与风险价值相对照，企业应该注意采取战略时候所面临的风险和机遇。

一体化战略主要是企业内外部资源的整合，通过整合达到提高效率降低成本的目的。在实施一体化战略的时候，要注意本企业产品的适应性，充分地做好调研，协调资源整合过程中的产品、材料、人员的衔接和配合。而采取这一战略的主要风险是资源的浪费和低效率，这将会严重地降低企业运行的效率，降低员工的积极性。企业应严控这部分风险，提高企业一体化战略带来的价值。

密集型战略是在现有资源的基础上实现企业的发展。这种战略所面临的主要风险是外部环境的变化。这种情况下，企业既然可以实现自身的持续发展，那么自身因素所面临的风险就比较小。对企业威胁较大的就是外部因素的不确定性，这种状况下企业要注意外部条件变化对于企业自身的影响，使外部风险能够为企业所运用和控制。

多元化战略是企业的一种扩张行为，一般是在企业资源充裕的情况下做出的决策。企业这个时候面临的主要风险是，不应盲目扩张被眼前的利益冲昏头脑。企业要充分地认清自己实力，在认真地思考所处的环境和外部的竞争后，科学、严谨、有规划地选择多元化战略。多元化战略更能使企业的业绩得到大幅度的提升，但往往其中所蕴含的风险却很容易被投资者所忽视。

（二）企业规模扩张与风险价值

企业在稳定经营到一段时期内就要考虑扩张。其中的扩张方式有许多种，有依靠自身的发展方式也有通过外部增长的方式来实现自身的跨越。如果企业追求规模扩张效应的话，要面临许多的风险，比如，如果扩张方式是采用杠杆方式来进行的，那么主要的风险就是财务风险；如果企业扩张的资金全部来自自有资金，那么就要考虑自身资金周转的风险，确保企业资金相对宽裕；如果扩张是通过收购和兼并方式取得的，那主要的风险就源于并购后企业的整合。

企业通过并购的方式取得自身的发展被认为是一种快捷的途径，纵观最近十几年并购案例，其中不乏强强联合的情况，巨型的跨国并购屡见不鲜。但是大部分情况都是在风光过后悄无声息，并购走向失败。虽然并购可以达到 $1+1>2$ 的效应，但是如果并购失败的话，其结果将会是 $1+1<2$。很多并购失败的企业，其资本水平远不如并购前自身的水平，可见并购对于企业来说机遇与风险并存。当然，企业并不应当在面临风险时徘徊，并购的机会是企业进行发展的良好契机，这样好的机会可能稍纵即逝，有实力和风险意识强的企业应该抓住机遇，为企业创造出更大的价值。总之巨大的风险往往伴随着巨大的收益，关键是如何规避和化解这些风险，使风险处在自己可控和可接受范围之内，只有这样，企业才能不断地发展和前进。

企业扩张所面临的另一个主要风险是大量资金的需求。企业通过扩张事先必须要有高额的投入，这些投入要比日常经营活动的资金多很多。这时，企业就要考虑如何筹措这部分发展所需的资金。通常企业可以依靠自有资金和借债来完成扩张，这就涉及企业资本结构的调整。实际上企业扩张更通行的做法是综合利用上述两种手段，合理配置资金的来源，降低单一资金来源的风险，完成企业的扩张之路。风险和收益总是相伴而生的，任何一个项目甚至是企业日常最为普通的经营活动，都会伴随着风险。因此在进行决策的时候决策者既不要畏惧风险也不应全盘接受，更重要的是认真权衡利弊后掌控风险，使它们背后巨大的价值能够体现出来，为企业的发展服务。

值得一提的是，在分析企业规模扩张时最大的风险并不是资金的缺乏，也不是扩张的勇气和决心，而是管理者当局盲目自信，被眼前利益所迷惑。决策层最需要注意的是要学会何时停手。

（三）固定成本与风险价值

企业的经营都是与利润相联系的，而决定企业利润的一个重要的条件就是企业的固定成本。固定成本是企业经营中不得不去加以重视的一个因素，它可以加重企业产品的平均成本，进而影响产品在市场上的竞争能力。许多的企业追求规模经济的效应，其中一个主要原因是，通过大批量的生产产品摊薄每件产品所负担的固定成本。可见固定成本对于利润的重要作用，固定成本增加可以使企业的总成本增加，利润空间减少。在财务领域，固定成本的来源是复杂的，它可能是由企业经营所引起的，也可能是其他的因素所影响的，但是，这些都是企业需要认真加以对待的。

在财务领域的一个研究成果是，利用经营杠杆来衡量企业的经营效率，为企业提供合理的决策水平。它等于 EBIT 的变动率除以销售量的变动率。其中的一个重要的假设是成本和销量以及利润有线性关系。而在实际操作中通常要考虑固定成本的影响，经营杠杆被看作是对潜在风险的衡量，这种风险只有在销售和生产成本变动的时候才会产生。由此可见，对于固定成本来讲，风险价值显得尤为重要，科学的评价和运用固定成本对于提高企业的风险价值来说具有指导意义。

（四）资金水平与风险价值

有很多人认为资金的营利性和流动性是矛盾的，其实情况不然。虽然作为一种资本来说流动性越高、变现能力越强，它所带来的营利性就越低，但是这只是一种表面现象。对于任何一家企业来说都要综合评估流动性和营利性的关系，除了极个别的企业之外，大多数企业都会保持一个合适的资金流动水平。有一些资产比如说固定资产，它们的流动性较差，但是确实对企业经营而言必不可少的东西，它的价值会随着企业经营活动慢慢地成为企业利润的一种深层次的来源。而有些资本比如说货币资金，它们具有相对较高的流动性，而收益水平却很低，这是由企业经营的要求所影响的。这部分资金是企业日常活动中所必备的，以备不时之需，所以它们不能被投入风险高的资本市场中。正是这种资本收益水平不同，它们各自的风险水平和价值也不同，流动性强的资本所面临的风险相对较小，但是企业在经营的时候要综合考虑各种资本的配置，合理的控制风险和营利性、流动性之间的关系。只有根据自身的需要科学配置资本，企业才能够安全地、持续地经营下去。

（五）举债经营与风险价值

债务对于一家企业来说，存在有利的因素，但也可能加重企业的财务负担。因为债务其中蕴含着巨大的风险价值，所以大部分企业都或多或少地保持着一定数额的负债，在分析负债与风险的时候，要综合考虑多种因素。财务理论上衡量财务风险的主要指标就是财务杠杆，财务杠杆是 EBII 变动率与每股收益 EPS 的变化率之比，企业的负债越大财务杠杆越大，所面临的财务风险越大。一个企业在进行财务决策的时候都会考虑到杠杆因素的影响，比如一家企业在开展并购的活动中，可以选择杠杆收购，其原理就是只用很少的自有资本金，大部分资金都是来自借款。这种并购方式的优点是可以节省大量的自有资金，这与企业负债是一个道理，都是可以省下自有资金用于企业的经营活动。同时，在企业的经营活动中保持一定的负债是有好处的，一方面，是因为负债产生的利息可以税前扣除，减少企业的税负水平；另一方面，相对于权益资本来说债务的资本成本相对较小，可以减少企业的加权平均资本成本。负债对于企业既是一种机遇也是一种挑战，企业应该适度举债将企业的经营风险适度转嫁到债权人上，这样可以提高企业的经营效率和管理水平。在企业的经营活动中要特别注意净资产利润率要大于税后的利息率，只有这样企业的经营才会为股东创造收益，如果企业的经营效率没有达到这一水平就会损害股东的利益。

五、财务管理中风险价值的具体运用

（一）树立财务管理价值观

企业的财务管理工作是复杂和多层次的。对于企业而言，收益和成本是永恒的话题。但凡谈到企业的收益和成本，都离不开对资金时间价值和风险价值的探讨。企业若将"货币时间价值和风险价值"作为企业财务管理价值观，那么权衡实际收益和成本将是贯穿于企业财务管理活动的整个过程中。

① 从筹资方面看，企业要筹划一项融资活动，不可避免地要考虑到的两个问题就是成本和风险。一方面，财务部门要考虑所筹措的资金，在投入生产经营过程中，随着时间的持续所获得的收益，能否大于资金成本。通过货币时间价值的推算，计算收益，为企业支付筹资成本划出一个承受范围。另一方面，企业要权衡各种筹资方式所面临的风险。一般而言普通股融资的财务风险要低于负债融资所要面临的财务风险。在权衡考虑了以上两点之后，企业便可以确定一个最佳的资本结构。

② 从投资方面看，企业财务管理部门在分析投资项目可行性的时候，要用到净现值法、现值指数法、内涵报酬率法等基本评价方法。这些基本方法都已考虑了货币时间价值因素。当投资项目的收益率超过资本成本时，企业的价值将增加，否则，企业的价值将减少。在识别投资风险时，要从主客观两方面去考察。主观方面主要考虑企业的风险偏好。不同企业对于同样程度的风险承受能力不尽相同，因此难以量化。从客观方面讲，企业可以利用衡量投资项目的模型进行判定。因此，企业需要将投资收益与投资风险综合起来考虑。

③从资金运用方面看，主要表现在现金管理的过程中，即现金的流动性与收益性之间权衡选择的过程。例如，企业采用成本分析模式确定企业最佳现金持有量时，一般会考虑现金的机会成本、管理成本和短缺成本。当三项成本之和最小时的现金持有量，就是最佳现金持有量。此时，企业既留足了日常经营所需的资金，也不会因为过多持有资金而造成很大的机会成本。

④从股利分配方面看，企业财务部门在确定股利分配结构的时候要确定股利支付的方式。当企业有足够的资金时，并且前提是企业的筹资能力较强的情况下，可以选择现金股利支付方式。但是，企业采用这种方式支付股利会面临资金周转困难，偿债能力水平下降，财务风险较高的局面。另外，受货币时间价值的影响，现金股利支付得越早，次数越多，资金的机会成本就越高。若企业选择股票股利方式进行支付，那么企业可以留存大量现金，便于进行再投资。但在未来，企业会支付更多的现金。

（二）合理应用风险价值方法

风险价值计算方法主要包括以下三种：一是方差—协方差法，这种方法可用于线性或非线性投资组合的风险测算，要求样本具备正态分布属性，可直接获取风险因子对投资组合带来的影响；二是历史模拟方法，这种方法需要收集历史数据，根据历史数据对资产收益风险的变化进行模拟，并且估算资产组合风险价值的临界点，可以评估任意类型的资产组合风险；三是蒙特卡罗模拟法，通过研究资产组合的收益率波动与分布，得出近乎真实的风险数值。在实际应用中，要根据具体条件选用适当的方法。

（三）在资产风险评估中的应用

1. 在单项资产风险管理中的运用

单项资产投资面临的风险主要体现在预期收益或预期损失带来的不确定性。将风险价值引入单项资产风险管理，可从以下两个方面入手：一是单项资产的实际报酬在某一特定时间点可能出现不同结果，通过计算风险资产报酬的预期值和离散型标准差，用以确定预期收益的波动性。之后，再计算置信区间、置信概率以及标准离差率，获取标准差与预期值的比率数值，数值越小则说明单项资产风险越小；二是根据历史数据确定单项资产风险，通过计算历史数据中单项资产的预期值和样本标准差，进而掌握单项资产的风险特征。

2 在投资组合风险管理中的运用

在投资组合风险水平的预测中，引入风险价值方法可测算投资组合收益的加权平均数，只要投资组合风险不超过其加权平均数，即表示投资组合风险处于可接受范围。在计算投资组合风险水平时，要先确定预期报酬率，而后计算投资组合标准差。通常情况下，若两种资产收益均高于或低于预期收益，则两者正相关。当协方差等于 1 时，表示完全正相关，说明投资组合风险等于加权平均数；反之，若是其中一种资产收益低于预期收益，而另一种资产的收益却高于预期收益，则两者为负相关。当协方差等于 -1 时，表示完全负相关，说明投资组合风险被抵消。

（四）强化财务风险管理

将风险价值引入财务管理中，可以利用其分析结果，制订相应的财务风险管理战略，从而提高公司的风险防范能力。风险管理是指针对企业潜在的风险监管以及尽可能降低风险给企业所带来的损失。在风险管理的流程中，通常会选取单一或者多种组合的风险管理办法，以选择的风险管理方法作为基础采取相应的管控风险措施，以此尽最大的可能来降低企业潜在的风险给企业所带的损失。风险管理需具有能对潜在的风险识别的功能。其主要内容是对会影响企业的风险类型进行确定，在确定风险类型后将其的不确定性进行量化分析并预测出对企业造成多大程度的损失。风险管理需要管控风险。其主要内涵是采取有效的措施来管控风险。企业的实际风险管理中，可针对企业设置科学可行的应急方案，当企业风险发生时，可以根据应急方案来有效控制风险的损失程度。风险管理需要规避风险。在企业经营管理目标的方向上，可以通过不同路径实施方案，以此从最根本上消除风险发生的可能性。

① 要建立一个财务风险预警体系，对公司的资产负债率、流动资产、资产质量进行定期的分析，并设定相应的财务风险准备金，从而使公司能够在第一时间发现并有效地防范其发生的金融危机。财务风险预警也称财务预警，是指企业管理者在企业运营情况以及分析企业的财务指标等各种因素的变动的基础上，对企业在日常经营活动中可能出现的财务风险做出监测、判断并反馈相应的信号的方法。财务预警可以当作一个诊断工具，对公司的财务管理危机做出了警示与判断，进而防止了可能的经营风险进一步演变成财务管理危机，进而发挥了防患于未然的功效。财务风险预警是在企业公布的企业季报、年报等主要的财务数据作为基础，借助科学的财务数据分析方法、模型等，对企业的财务数据进行及时的

计算分析，可以预测出企业财务风险。出现财务危机的企业，可以通过财务预警体系找出引发财务危机的诱因，以此帮助企业的经营管理者在企业发生财务危机的时候，能够采取合适的应对举措。财务预警体系首先在对企业的财务数据的基础上进行分析，然后通过建立的体系进行计算得出相应的预警结果。企业可以通过这个结果采取相对应的措施。对于潜在的财务风险，也会在预警体系中识别出，企业的经营管理者可以尽早应对，将财务风险可能带来的损失降到最低。财务风险预警体系可以在企业的财务出现一些异常情况如应收账款异常等问题的时候，这样的现象就会在财务风险预警体系中的评估结果中体现出来。企业可以通过得到的评估结果，及时调整相应的决策等，以此解决出现的异常。

②合理确定资本结构，降低资金成本，保证企业具备一定的偿债能力，避免出现资不抵债的情况。

③提高企业运营能力，加快应收账款回收，减少存货所占用的流动资金，保证企业的资金周转率。

第三章 现代财务管理的内容构成

随着市场经济体制的逐渐完善，现代企业的财务管理工作需要加强，因为财务管理工作是企业的核心管理部分，决定着企业的生存和发展，而良好的财务管理有利于提升企业整体管理水平。因此，企业在管理过程中需要加强对财务管理内容的重视，并采取有效的措施提高企业财务管理的水平和质量，保证企业在激烈的市场竞争中处于有利位置。本章分为筹资管理、投资管理、营业收入管理、利润分配管理、流动资产管理、固定资产管理、无形资产及其他资产管理七部分。主要包括企业筹资管理存在的问题、企业筹资管理的优化策略、企业投资管理的重要性、企业投资管理存在的问题、营业收入管理的内涵、企业利润分配现状、流动资产管理的重要性、企业固定资产管理存在的问题等内容。

第一节 筹资管理

一、筹资管理存在的问题

（一）诸多企业筹资规模不合理

通常情况下，企业的资金需要量和其经营规模以及销售业绩直接挂钩，但是这些都需要企业合理进行预测。预测企业资金需要量是企业筹资管理中的一个必不可少的核心环节。当前，很多企业通常用百分比法对筹资规模进行预测，但由于受数据采集和数据处理等技术的影响，造成企业对未来销售额的预测缺乏准确性，并且对于敏感项目的划分也缺乏合理性，从而导致资金规模不合理和缺乏精准性。同时很多企业在对资金需要量进行预测时，往往会忽视销售规模的扩大和资金习性所带来的影响，在企业销售量大增且规模扩大时，就容易造成企业资金不足和错过很多良好的发展机会，在销售量降低时又很容易导致企业预测资金闲置的现象。因此，目前企业筹资规模预测的不合理将会加重企业的经济负担，不利于企业的长期发展。

（二）企业的资金结构缺乏合理性

根据资产等于负债加所有者权益的总和这一会计公式可知，企业的资本主要来源于负债筹资和所有者投入这两方面。负债筹资不仅需要按时归还本金，而且还需要付较高的利息，对于企业而言其财务风险较高，所有者出资虽无须偿还债款，但是其资金成本较高，企业在盈利后通常需要按出资比例向投资者分配其收益。

因此，很多企业的筹资最终会出现严重的两极分化现象：大量借债和不负债。大量借债财务风险太大，一旦无法偿还，企业将面临破产的处境，而不借债仅仅只依靠所有者出资虽没有财务风险，但是企业的筹资成本总体而言还是比较高，在一定程度上会限制企业的盈利空间。因此，企业在筹资管理中其资本结构的不合理是当前亟须解决的问题。

（三）筹资方式选择不恰当且单一

筹资方式选择不合理且较为单一是目前企业筹资管理中最为常见的问题。一方面，企业现阶段使用最多的筹资方式只有负债借入资金和所有者投资这两种。况且绝大多数小规模企业的筹资方式都较为单一，其往往采用向银行贷款的筹资方式，不仅要还高额的利息，而且还要承担一定的风险，长此以往并不利于企业的发展。还有一部分企业觉得所有者出资的筹资方式更好，更利于企业的稳定，从而就长年累月使用这种筹资方式，不懂变更其他的筹资方式或者找其他的筹资渠道。另一方面，很多企业在选择筹资方式时往往没有结合企业自身实际情况和自身需求以及未来的发展方向而盲目进行选择，有些企业明明利用负债筹资比较适合自身的发展，却偏偏选择所有者出资的筹资方式来进行筹资，从而造成企业发展严重滞后。而有些企业明明选择所有者出资方式来筹资更有利于其本身的稳定，但企业却忽略了自身的实际情况，选择了向银行贷款的筹资方式，从而使得企业面临巨大的风险和压力，甚至导致破产。因此，企业在选择筹资方式时应结合实际进行合理选择，避免筹资方式选择不当而造成的各种风险和经济损失。

二、筹资管理的优化策略

（一）优化资本结构

企业在筹资管理中需要优化资本结构，使企业的股权资本与债权资本保持合理的结构关系，合理利用财务杠杆，防止债务过高增加财务风险。在筹资活动中，对现有资本进行优化调整，增加或降低债务资本或股权资本的比例。在选择筹资方式时，要充分考虑筹资方式的难易程度，对应的资金成本、使用期限、风险等因素，使结构和成本更合理。企业应该提高经营能力和内源资金积累，强化内部资金管理，充分规划使用内部资金，增强企业内部筹资能力。同时，还应积极提高企业的财务实力，加强信用管理，提高信用评价，增加企业信息透明度，使企业提高融资能力，能够获得金融机构的认可，增强对外融资的可能性。

（二）完善筹资管理制度

企业经营者和财务管理人员应增强筹资管理意识，吸收先进的筹资管理理念，树立筹资风险管理意识，重视筹资管理工作。同时企业还应积极建立现代企业制度，完善筹资管理制度，提高管理水平，从根本上解决企业的筹资问题。首先，应当引进先进企业的管理模式，推进制度创新，加强内部管理提高企业实力，通过搞好自身建设增强内源资金的积累。其次，健全企业的财务制度，构建财务战略，完善资金管理体制，提供及时可靠的财务数据，增强企业财务信息的可信性和透明度。最后，还要建立内部信用管理体系，做到无不良信贷记录，提高信用水平以获得社会的信任，拓宽筹资渠道。良好的筹资管理制度和高效的管理水平能有效规范企业的筹资运营，使得企业的筹资能够满足企业的正常生产、发展。

（三）科学预计资金需要量

企业做好筹资管理工作的基础是要合理预测企业资金的需求量。在预测资金的需求量时企业应结合自身的生产经营规模、战略目标规划、财务管理目标。然后根据预计的资金需要量制定不同的筹资方案，计算出各方案的资金成本，选择最优的筹资组合方案作为筹资方式。科学地预计资金需要量使得筹资活动得到有效开展，筹资量与需要量相对应。在企业筹资活动中，为筹集到生产经营所需资金，必须预计好企业的资金需要量，规划好筹资进度，制订相应的筹资计划与策略，才能提高企业的筹资效果，降低资金成本。

第二节　投资管理

一、投资管理的重要性

企业是我国国民经济发展中的重要组成体。企业能够得到健康稳定的发展，有助于维持社会经济的稳定性，并对国民经济的稳健长远发展起到至关重要的作用。同时，企业也是地区经济发展的重要支柱，具有振兴地方经济，促进共同富裕的社会作用。企业投资管理活动的开展，不仅为企业的发展提供了契机，而且还在一定程度上创造了大量的就业岗位，能够有效解决社会的就业问题。目前，我国大部分企业都是分布在乡镇或者农村地区，这为村镇人员、农村人员提供了大量的就业机会。因此，企业投资管理的合理开展不仅能够有效解决社会的就业问题，而且还在一定程度上为当地居民增加了收入来源，拉动了地方经济的发展。正确的投资管理活动的开展是企业发展壮大的关键。当前市场经济环境条件复杂，企业要想谋求生存与发展，就需要开展合理的投资活动，实现资源的再优化，以确保企业的投资能够实现最大化的经营利润，提升企业的经济效益。

企业要想得到长远稳健的发展，就需要不断规范各项企业的管理工作。尤其是投资管理工作，企业需要规范自身的经济活动，以企业投资效益为目标导向。在投资管理工作开展的过程中，积极规范各项经济活动，结合实际市场经济情况构建健全完善的管理制度和管理方法，促使经济活动朝着科学化和规范化的方向发展，进而实现企业的长远发展。

二、投资管理存在的问题

（一）管理人员不够专业

企业投资管理岗位上的投资管理人员普遍存在专业性不足的问题。正是由于投资管理人员的专业性不到位，使得投资管理工作效率并不高。投资管理人员缺乏对市场的敏感性，不能够在最合适的时机处理企业的投资管理工作。同时，投资管理人员在实际工作开展的过程中还需要对各个部门之间加以协调，全面调动企业内部的各项资源，而如果管理人员专业水平不高，其工作效果也会大打折扣。企业在进行投资管理人员选拔时，受各种内部和外部因素的影响，往往不能根据实际情况来筛选与工作岗位相匹配的投资管理人员，使得这部分工作人员并不能从根本上胜任本岗位工作，也无法实现项目团队之间的协同管理工作。随着时代形势和经济环境的发展变化，投资管理人员需要不断更新自身的知识技能，以适应时代的发展潮流，为企业发展提供本质性的帮助。

（二）投资风险分析不够全面

企业对所要投资行业不能进行全面的投资风险分析，这主要因为企业对投资领域缺乏足够的信息来源，以至于不能全面掌握投资信息，而仅仅是通过对同行业类似企业数据进行分析，这些数据信息具有一定的局限性。投资前期不能对其进行全面的考察，这就很容易造成投资环节的风险应对措施不足，不能采取科学有效的风险预防和风险规避。同时，在投资管理前期不能合理制定相应的管理策略，这样在投资环节很有可能在市场政策或者企业内部变动等因素的影响下不能有效落实相应的制度策略，也就在一定程度上增加了投资风险。

（三）投资管理缺乏监督机制

企业在投资管理时的监督对项目的有效执行起到重要作用，企业在投资时的监督机构可以完全独立于投资活动，这样可以对企业所投资的项目负责，也可以防止在投资过程中出现工作人员徇私舞弊的情况。对于企业投资来说，投资活动不仅影响着企业的财务状况，而且也影响着企业的生存和发展，所以监督机制在企业投资时起着至关重要的作用。但是，在市场经济下，大多数企业对于监督机制的相关制度仍不完善，对于监督制度的设计之间很容易出现相互矛盾的情况，再加上描述不明确，相关工作人员在现实过程中执行起来很困难。并且不同阶层的相关监督人员对于问题的不同解读，很容易导致监督工作出现纰漏。另外，缺乏全面监管制度，导致许多相关问题层出不穷，在实际操作过程中使得各部门之间协调效率变差。

（四）投资战略管理方法不匹配

据相关统计来看，我国企业的战略投资管理方法主要以折现现金流量法为主，并普遍使用租赁作为替代方式。这种投资战略管理模式虽然能够在一定程度上满足我国企业的战略投资需求，但是却不能满足企业在当前市场环境下的发展需求。再加上大部分企业所采用的融资渠道和对象模式相对比较单调，并不能结合企业在各个阶段的实际发展情况来积极拓展自身的融资渠道，对企业的长远发展造成不同程度上的负面影响。

（五）投资缺乏科学合理的规划

对想要投资的项目进行可行性的分析以及论证是每个企业在投资前都应该做的一件事情，并且在分析和论证后再认真分析其投资风险及收益，最后再做出相应的投资决策。然而，在市场经济下，大多数企业在投资决策时不会进行层层分析论证，也不会进行科学合理的规划，而是任由企业领导按照自身主观判断来进行投资决策。例如，政府在某领域出台优惠政策，多数企业就会在没有开展合理规划之前，为了防止机会流失而仓促决定进行投资，这样不仅缺乏整体性和长远性，更是为将来企业投资造成了风险。

不仅如此，由于提前调研不充分造成获取信息不够全面、真实性较低以及企业领导的决策能力不足等原因都会导致许多企业对要投资的项目缺乏灵活性和针对性以及更加周全的可行性分析和研究，进而给企业带来损失，产生严重的财务风险。对于大多数企业领导投资时缺乏科学合理的规划，在没有认真分析和了解项目可行性的同时，只依靠自身主观臆断来进行盲目投资，会严重影响企业的资金运转，不仅会增加投资风险，而且还会在一定程度上威胁企业的生存发展。

（六）缺乏行之有效的投资风险管理

大多数企业对于内部预测风险多采用部门开会讨论的方式，很容易忽略掉选择先进并且合理的风险评估预测的工具以及方法，进而不能及时采用具有针对性并且有效的风险应对措施。因此，这种情况会导致企业投资时的风险加大。企业投资风险管理不足主要表现在以下几点。

1. 企业投资风险管理中的人员配置不足

企业投资需要许多多元化投资人才，但仍有很多企业在风险控制部门的人员配置上出现问题。企业风险控制部门人员不足，再加上企业风险控制部门的工作任务十分繁重，很容易导致一些风险管理问题被滞后处理。而且，由于风险控制部门存在一些各项能力不足以及资质较低的员工在面对突发事件时不知所措，一味地请求领导审批之后才开始下一步，不能及时处理一些审计及评估等专业性问题。

2. 企业在风险管理中的责任意识不充足

责任意识不足主要是企业管理工作不积极，因为管理层的工资不与风险事故以及业绩等挂钩，企业投资风险造成的影响对于管理层来说影响甚微，他们不用担任何责任，因此，大多数企业管理阶层会很少或者不会安排有关企业投资风险管理的活动。

3. 企业风险控制部门的能力不足

企业风险控制部门作为风险管理的执行者掌控企业的生存和发展，但大多数企业的风险控制部门配置都相对较弱，许多事情风险控制部门参与受到限制，很容易在调研期间失去话语权，并且在工作繁忙的同时，风险控制部门的员工的资质以及工作能力跟不上企业的需求，这也是企业缺乏行之有效的投资风险管理的主要原因之一。

三、投资管理的优化策略

（一）强化投资风险分析评价

企业投资管理需要对市场环境进行综合分析，结合企业外部经营环境的实际情况来评估投资项目的风险等级，以便企业领导对投资项目进行科学的决策，促进企业的稳健发展。企业在投资前期需要通过各种渠道途径对投资领域进行了解，并获取相关的领域信息，通过分析相关企业的数据信息来确定科学合理的项目投资对策。

此外，还需要对同行业企业的相关数据进行对比分析，这对于投资运营过程中的现金流、支出和收益等都会起到一定的参考作用。而在实际的投资管理工作中，就需要收集和分析各项开展业务所实际产生的数据信息，以便为后续投资决策提供强有力的数据支撑。尤其是对成本的划分，将其分为变动成本、固定成本等，以期合理减少产品的投入成本，提升企业的实际投资利润。因此，投资风险分析评级既要加强对企业外部市场环境的关注，也要善于分析利用各项财务指标，以帮助投资管理人员分析投资风险策略，最大限度地降低企业投资运行风险。

此外，还需要明确的是，企业投资活动的开展必须建立在法律保护范围内。企业在实际投资过程中，要学会科学运用制度化手段最大化地实现投资渠道的多样化。与此同时，全面地了解市场和自身的发展现状，以此为基础，制定科学的投资决策来规避投资风险。

（二）加强企业投资风险管理

要想加强企业投资的风险管理，要时刻关注国家的产业相关政策，这样可以有效避免企业做出盲目投资。通过对相关政策的分析、相应法律法规的研究以及政策的发展趋势，可以在宏观层面对企业进行正确的指引，从而进行理性投资。

不仅如此，由于我们正处于大数据时代，企业拥有足够的数据分析人才，才可以让企业在投资时站稳脚跟。

因而，只有以市场为导向，不断加强对行业内市场的调查研究，及时有效地掌握市场动态，来合理调整投资方案，进而有效地避免盲目性投资的情况出现。企业只有跟紧时代的步伐，才不会被市场所淘汰。在收集到市场调研信息后进行科学合理的分析和预测，把握投资方向，控制投资成本，才能有效地规避因过快的更新换代带来的风险，进而不断提高投资的收益。

（三）完善企业投资管理制度

企业投资管理制度主要是为了约束规范各项投资管理活动，促使投资管理活动更加科学高效地开展。企业投资管理制度的完善，首先要从管理理念和管理模式方面着手，积极学习先进的现代化管理理念，不断寻求与企业发展规模和发展方向相协调的投资管理方法，并以切身发展现状为出发点，结合当前投资政策和相关法律规范去优化企业自身的投资管理制度，一旦发现管理制度中存在不合理的地方，需要及时做出调整与规划。同时，企业财务部门需要将投资项目的实际运营收入情况定期与投资目标相比对，以便投资管理人员了解投资项目的实际产值，做出合理的后期决策。投资管理制度还会涉及财务部门的监督管理制度，主要目的是确保企业投资资金流动的合理性，规避财务风险的发生。

（四）加大企业投资管理监督力度

对于企业来说，企业内部完善的管理制度是企业投资运行顺利开展的重要保障，这样企业的投资才会更有方向性和有序性，减少企业投资的盲目性，并降低企业投资的风险性。与此同时，就需要加大对投资管理工作的监督管控，企业内部需要设立专门的监督机构，并配合外部监督部门，确保监督工作开展的独立性和公正性。监督机构对于企业投资管理工作的监督是全过程性的，尤其是对于企业投资资金的关注程度会更高，并给予动态的监督管理，使各项投资资金都更加合理合法，从根本上杜绝投资风险问题的发生。而相关的监管部门人员也要定期接受培训，学习业务方面的知识和技能，以提升投资监督管控效果，为企业投资管理工作的开展提供重要的监督保障。

（五）加强企业在投资前的市场调研

通过加强对市场的调研，可以有效提升整体的投资水平，要做上这点就必须要加强对投资部门人员的力量。因为一个投资项目的顺利完成，需要配置足够多的投资相关的工作人员。企业的投资管理部门必须配有负责规划、投资管理、行业内分析等工作岗位，不同的岗位负责相应的工作。在有了足够的投资人员后，会更加方便地对市场进行深入研究以及对目标项目进行科学有效的调研，还可以对未来市场变化做出合理预判。在市场调研时，也可以适当运用一些外部资源进行相关资料的收集和管理，在项目调研前期可以通过专业的调查机构对项目进行科学的市场调查，通过咨询来对项目可行性进行分析，可以更好更快地为企业做出更加准确合理的调研方案，进而减少企业对项目的盲目性投资。

（六）引进和培养专业的投资管理人才

企业投资管理部门是一个企业的核心，它对于企业更好更快发展起到了至关重要的作用。要想让企业稳定发展，必然要引进和培养专业的企业投资管理人才，为企业之后的发展增添活力，实现企业价值最大化。专业的企业投资管理人才具有更高的基本素质以及专业的素质水平，不仅拥有非常丰富的专业知识，而且还具有不一样的思维方式去处理复杂且繁重的企业投资问题。当然，为了可以充分发挥企业投资管理人才的管理水平和专业技能，企业应该科学地制定一些合理的制度，对专业的企业投资管理人才进行科学管理，做到尊重人才、善用人才的理念，尽可能保证专业的企业投资管理人才在企业中可以脱颖而出，也为更多的专业人才提供更好的晋升渠道。与此同时，企业也需要对投资管理人才进行定期的专业培训，使得企业投资管理人才的综合能力不断提升。建立合理的考核制度，为企业投资管理人才创造更加公开且透明的晋升空间，尽情发挥自身的潜力，为企业创造更多的价值。

第三节　营业收入管理

一、营业收入管理的内涵

不同的企业、不同的行业发展模式和经营理念，使得不同企业的营业收入管理存在差异性。对于企业的营业收入管理而言，主要体现在收入水平和收入增长率两个方面，其中收入增长率主要是通过对企业内部收入数量情况的管理，在一定程度上直接影响整个企业的整体效益值。在此基础上还需要对企业内部的收入水平进行相应的管控，从企业的整体经营视角来不断地增加收入额，提高企业应收账款的占比。

二、营业收入管理存在的问题

（一）缺乏稳定的价格体系

价格是商品之间价值的体现，同时也是建立企业与用户之间的纽带，用户会通过企业商品的价值来衡量该企业的整体状况，对两者之间的合作具有一定的促进性。因此，企业在进行经营活动的过程中，需要对商品的价值额外关注，且采用一定的科学措施提高商品的价值来增加企业的盈利额。

但商品的价格会随着外界不同因素的影响而发生改变，如销售环境的变化、市场行情的变化等。在社会经济体系制度下，用户会通过自我的感知能力来对需要合作的企业进行评价，双方达成合作意向的重要指标就是价格。若企业未能建立科学合理的商品价格体系结构，那么将会在一定程度上影响用户的意愿，会降低企业收入的稳定性，最终造成企业收入增长的延缓，甚至会下降。

（二）不科学竞争模式降低企业整体收入

随着我国社会市场经济体系的不断发展，我国企业整体的发展模式呈多样化情况，国外市场对我国内部经济体系的冲击，使得我国市场的竞争越加激烈。在面对市场经济的挑战下，部门企业为了自身的利益发展而财务混乱市场的营销模式，如"价格战"，通过降低商品的价格来吸引用户的注意力，增加企业的收入效益，甚至还存在采用赊账的方式来吸引用户的行为。

在这种不合理的竞争模式下，企业与企业间的竞争被严重加剧，部分企业虽然业绩额显著提高，但是企业的收入并没有增加，甚至有的企业因为赊欠较为严重出现了收支不平衡的情况。"价格战"虽然能够在短时间内争取到最大的客流量，但是这样的客流并不是长久用户，一旦市场出现更低价格的竞争者，那么客流量将会瞬间流失。除此之外，采用"价格战"就意味着需要在一定程度上降低企业的营业利润，此时企业必须根据利润来降低商品的成本，只有这样才能在维持原有收入基础上提高盈利额。

（三）不合理资源配置限制企业收入增长

在企业经营活动的完整体系结构中，需要对企业内部的资源情况进行合理分配，将其中存在的不合理部分通过二次分配的方式进行重新组合，以便提高整体资金的应用概率，从而降低企业的商品生产成本。

目前，我国部分企业的资源配置情况表现不佳，企业的资产应用效率较差，存在较为严重的物资周转时期较慢、商品生产时间过长等状况。尤其是对企业的欠费回收管理较为不理想，企业不能依据自身的实际情况进行资金的回笼，不能在第一时间内将需要运转的资金投入使用范畴中，使得企业商品的生产无法得到强有力的资金支撑，从而制约了企业的营业收入管理，在一定程度上阻碍了企业的持续发展。

三、营业收入管理的优化策略

（一）增强企业资源配置效率

在企业资源配置方面，需要根据企业的实际状况进行合理的资源分配，对企业内部分配不均的资产进行二次分配，充分提高企业的资源使用率，这样能够在一定程度上降低企业的整体商品生产成本，增强企业的市场竞争力。在此基础上，需要同时提升企业商品的销售量，从而促进企业内部资金的良性运转和资金的回笼，为企业的发展提供资金的支撑。

在今后的资源配置过程中，企业需要在年初就进行相应的财务规划，将收入分配预算制度纳入其中。只有在刚开始阶段就能够详细的规划资金，制定企业的年度利润目标，才能确保企业营业收入管理工作的有序进行。企业营业收入是企业管理人员经营活动的重要指标之一，是企业在未来发展阶段需要完成的工作。因此，制定合理的收入利润目标，能够在一定程度上激发工作人员的工作积极性，提高企业整体的业绩水平，从而增加一定的经济效益。

（二）制定完善的企业定价制度

商品的价格是影响企业收入的重要因素，商品价格的高低将会在一定程度上直接影响企业内部的业务。企业需要根据自身的实际需求制定较为严格的科学管理体系制度，目前社会经济市场的不断变革，市场的整体发展水平和用户群体将会对商品的价格产生直接的影响。

当市场中该商品的价格波动相对较大时，企业可以根据价格的波动情况来进行定价，企业内部销售商品价值的制定将会随着变化而发生改变，但企业同一类商品的价格制定模式不应该跨度过大，过大的价格波动都会对用户的购买行为产生直接影响。因此，企业内部相关管理部门需要根据企业的可持续发展，结合自身的优势所在制定符合发展的体系规则。

（三）宏观层面制订企业推广方案

企业收入相关管理部门需要吸收新的商品营销策略，不断地进行策略创新。

在制作相应宣传方案的过程中，需要根据企业的优势特点进行策略制定，从企业商品的推广计划中加入企业的文化特征，形成自身的品牌价值。

在此过程中，管理人员还需要重视对商品销售市场的调查和深入分析，增强对市场发展前景的关注，能够在第一时间内掌握市场的发展动态和用户的基本需求。除此之外，企业的管理人员还需要在管理理念上，拓展自身的眼界，从企业长远的利益发展出发，使企业在不断发展的进程中形成具有自我优势、品牌文化的价值，从而提高企业的营业收入，增强企业的经济效益。

第四节　利润分配管理

一、利润分配现状

（一）企业分配关系

目前，企业在分配方式与分配制度等方面都获得了一定的完善。但若想能够保障企业获得健康、可持续发展，需对利润分配的程序与形式等方面进行积极创新与改革，尤其需正确处理分配关系。否则，不仅会影响企业的经济效益，而且还会引发相应的经营风险。大多数企业在企业成长与员工利益获得间的关系处理得不够合理化，通常会出现吃光分净的问题。既不利于企业持续性的经营与投资，还会导致降低员工间的凝聚力。因此，企业应制定科学、完善的利润分配制度，根据员工或部门的实际贡献与能力等，严格设置分红比例。而对职工股东、投资者参与的利润分配，目前普遍方式是结合入股份额进行比例设定。这样，可在一定程度上避免股份向个人集中。因此，企业需要科学处理不同利益团体的分配关系。真正保证每一个职工、股东的合法利益，使他们都能公平地参与利润分配工作环节中。企业需结合自身的管理模式与发展理念等，基于员工同等的权利与义务，在企业职工的共同监督下，促使接下来能逐渐形成更加完善的利润分配体系。

（二）分配体制与税收政策

通过对我国目前的纳税制度与实施情况的研究发现，其相关策略与规定对企业十分不利。目前，企业无法有效抵扣增值税发票，导致其税负增加。我国虽对税收问题不断进行处理，相较以往税收项目有所降低，但现阶段企业在实际发展过程中，其内部分配体制仍无法与税收政策达到一个很好的平衡与一致性。

复杂的税收项目仍旧成为阻碍企业发展的关键原因，致使分配体制缺乏一定的科学性与前瞻性。针对当下税收政策的实施情况进行分析的话，应结合每个企业的分配体制，对其税费负担问题给予高度的重视。能够颁布更多利于企业的税收政策，通过帮扶项目给予其一定的优惠政策。确保企业能够基于良好的法治环境，创新优化与完善自身的分配体制，使企业能够科学地分配利润，并能积极地参与到市场竞争中，促使我国经济获得健康、有序发展。

二、利润分配存在的问题

（一）利润分配政策缺乏指导性与监督性

基于市场机制的不断完善，令更多的企业参与到证券市场竞争中。在提升企业利润的同时，也导致其利润分批政策缺乏相应的监管力度。利润分配政策因缺乏足够的指导性与监督性，给现金流带来消极的影响。而这里所谈及的利润分配政策，可从两个方面进行分析。即从广义角度看，利润分配政策主要包括现金股利、盈余公积金等多种形式。狭义的利润分配政策，主要是现金股利、盈余公积金。不包括广义分配政策中的资本公积金转增股本。企业在寻求利益最大值的过程中，未就分配政策进行长远布局。企业在制定利润分配政策的过程中，没有对现金流量问题建立正确的认识。因此，企业需要对当下的政策问题给予高度的重视，结合企业文化、员工综合素质与创造价值的能力等，制定具有长远发展内涵的分配政策与利润分配方式。

（二）企业缺乏科学的税务筹划

一些企业过于看重眼前利益，导致其自身的利润分配缺乏长期的指导性与规划性。在具体进行利润分配时，没有切实考虑税务筹划的重要性。即税务筹划不仅直接影响所要分配的利润金额的大小，而且还会在一定程度上影响企业的未来发展。目前，企业因缺乏科学的税务筹划，导致其在进行利润分配时将面临诸多的风险。不管是投资者预期的满足，还是随企业自身税负的调整等，都会缺乏有力的依据。所以，企业需结合自身的经营情况、利润分配政策等，对税务筹划给予高度重视。

三、利润分配管理的优化策略

（一）确保现金流管理与经营管理策略保持高度一致

企业改革与优化利润分配政策的过程中，需要紧密围绕经营管理策略。对目前现金管理问题进行不断审视与处理，确保其能与企业的经营战略管理保持高度的契合性与一致性。从长远发展角度出发，企业管理层与决策层都试图在有效控制经营风险的基础上，能够确保其获得更大的利润空间。通过投资与管理项目，期望企业经济不断增长。以此，确保股东、员工等能够分配更多的利润。由此，企业在制定财务预算方案、企业发展战略的过程中，需动态分析与观察经营风险要素。结合市场实际情况，对企业现金管理方案等进行互逆性调整。企业在处理资本结构问题的过程中，应正确处理经营策略与负债率间的关系，以及分配关系。如当市场中出现较多不稳定因素、不可预见风险的过程中，企业需认识到自身要面临较大的经济风险、法律风险等。在这种情况下，企业需适当降级负债率，确保经营风险能进行有效把控。由此，确保经营管理战略与现金管理模式保持一定的适配性与一致性，令利润分配能够获得合理控制与管理。当然，企业在实际开展财务管理活动、实施战略管理策略的过程中，需意识到不同的策略或制度会产生不同的现金管理形式，并形成不同的利润分配方式。企业自身的发展受整个营商环境、税收政策的影响，在不同的环境、生长周期内，会面临差异化的经营风险。

因此，企业在制定经营管理策略的过程中，需结合我国税收政策的变化及时完善利润分配政策。分侧重点制定现金管理措施等，保证企业能够获得科学的利润分配方式。同时，企业需紧密围绕财务管理机制，并将现金流管理放置在重要位置上。管理人员需认识到财务的高效管理，其终极目标是获得最高的现金收益。基于此，才可确保企业基于良好的经济实力更好地应对市场风险。

因此，企业所制定的经营管理策略，必须注重现金流的转化。如在日常现金管理过程中，需将其合理地转化为流动资产，并基于高效的管理、科学的分配方式等，确保资产使用率有所提升，从而形成良性循环，促使企业能有序进行利润分配、项目投资。

（二）做好税后利润分配的税务筹划

企业制定分配方法，以不同方式对利润进行分配的过程中，既要对税前利润进行科学的税务筹划，还需做好税后的利润分配的税务筹划。这样，可确保税务分配方案的全面性与完善性，令企业在有限的条件下最大化地降低税务负担。企业按照规定缴纳税务后，才实现剩余利润的分配。从时间维度上来看，其属于利润分配的第二个环节，第一个环节主要是对税前税务筹划相关工作的处理。而为股东所分配的利润可称为股利，是企业为他们分配的股利。而在对股利进行分配的过程中，需通过税务筹划科学地降低税负。

具体而言，企业可适当改变现金流盈余，利用其提高股票价值。针对股份制单位，在具体进行利润分配时，可采取不分配股息的方式，以此保障企业的股票可不断获得更大的增值。利用加大投资力度、扩大生产规模等方式，令股东或投资者能获得更高的利润。相较于分配股息的方式，此种分配方式具有两种优势。如股东无须缴纳股息的个人所得税，可在一定程度上降低企业税负。企业可将股息作为投资额投放到相应的投资项目中，不仅解决融资问题，而且还可有效降低财务风险。当企业具备良好的现金流时，会令投资者对其建立更大的信息，并能吸引更多的融资单位。股东、投资者能够建立良好预期时，更利于企业股票的良性增长。通过科学的税务筹划，可确保企业获得更大的利润分配金额。

总之，企业通过降低现金流出金额，可在一定程度上降低支付利息。相当于获得一笔无息的贷款，为企业创造更大的经济效益带来更多的可能性。通过不断提升活动的时间价值，不仅降低企业税负，而且还可促使其获得长期、稳定的发展。

第五节　流动资产管理

一、流动资产管理的重要性

流动资产是企业资产中必不可少的组成部分，贯穿于企业的一切活动。从生产设备的购置、原材料的采购、产品的生产、债务的偿还到产品的最终销售，流动资产都是必不可少的。流动资产的有效管理，不仅可以保障生产经营活动的顺利进行，提高企业的经济效益，而且还可以提高偿债能力，维护企业的声誉。因此，流动资产的管理在企业资产管理中占据着举足轻重的地位。

二、流动资产管理的优化策略

（一）货币资金管理

货币资金是企业的血液，是流动性最强的资产，是企业重要的支付手段。加强货币资金的内部控制，强化货币资金的日常管理，可以防范资金风险。

1.完善货币资金的预算管理

"凡事预则立，不预则废"，企业应该建立货币资金预算制度，对货币资金的收支进行管理、控制和监督。企业编制资金收支表周报、月报以及季报，并于每年底编制资金收支表年报，对货币资金进行宏观调控、统筹安排，避免因货币资金闲置造成使用效率低下，也避免因突发的货币资金需求不能应对业务开支，使企业蒙受损失。企业执行严格的预算审批控制，对于超预算的审批事项，执行额外的审批流程，防范相关风险。

2. 合理规划货币资金的使用

财务部门往往被认为是费用中心，但是也要逐步转变经营理念，使其变为利润中心。企业在做好资金预算的前提下，及时与银行沟通，在风险可控时购买相关的理财产品。另外，财务部也及时与供应链部沟通，在不影响合同正常履行时推迟应付账款的支付日期，从而提高资金的使用效率。

3. 加强财务印鉴的管理

财务印鉴包括财务专用章和法人名章。财务印鉴主要用于银行收支、票据结算、银行开户等资金收支活动。企业财务专用章和法人名章由不同人员专人专柜专锁保管，对于财务部职责范围外的事项，严禁使用财务印鉴，严禁在空白收据、空白支票上加盖财务专用章。经办人使用财务印鉴时，需发起 OA 审批流程，写明单份材料的用印次数以及用印份数，经有权限的人员审批后，填写《公司财务印鉴用印登记本》方可用印。企业严格按照企业制定的财务印鉴管理办法执行，防止因财务印鉴的保管或使用不当带来财务风险以及法律风险。

（二）应收票据管理

所谓应收票据，即企业因销售商品、提供劳务等而收到的商业汇票。按照承兑人不同，商业汇票分为银行承兑汇票和商业承兑汇票。随着市场经济的持续发展、金融体系的不断完善，票据业务逐步成为企业之间结算的另一种主要方式。加强应收票据的管理，可以防范票据风险，保证资金的及时收回。

1. 建立应收票据备查簿

企业应该建立票据备查簿，以便及时了解票据的情况。企业财务部门编制《应收票据备查登记簿》，逐笔登记收到、背书、贴现以及到期的票据，详细记录票据的种类、票据号码、出票人、收款人、承兑人、出票日期、汇票到期日、出票金额等信息，并随时关注票据到期情况，以便按银行规定办理托收手续。如果出现到期未收到款项的情形，财务部及时与银行联系，查询票据的状态，配合银行解决票据存在的问题。

2. 加强应收票据的保管

企业应该加强对票据的重视，明确票据的相关责任，防止出现票据遗失、票据被盗、票据过期等风险。企业制定票据管理办法，规定由出纳保管票据。收到纸质商业汇票时，出纳负责审核票据，查看背书是否连续，印章是否清晰以及其他相关要素是否完整，审核无误后及时存入保险柜。除特殊情况外，企业只接收银行承兑汇票。每月最后一个工作日，出纳编制《公司应收票据盘点表》，会计主管对票据进行盘点、复核，确保应收票据的准确性。

（三）应收账款管理

应收账款是企业为了扩大销售采取赊销政策产生的。在日益激烈的市场竞争中，赊销成了销售的主要方式，使得应收账款在企业中普遍存在。加强应收账款的管理，可以防范坏账、呆账的发生，可以减少应收账款带来的风险。

1. 建立客户信用档案

在签订合同前，企业应该对客户进行信用调查，建立客户信用档案，并对不同的客户采取不同的赊销政策。企业的销售部负责制定信用政策，建立客户信用评价信息系统，并设置专人对信息系统进行管理，财务部和其他相关部门可以在权限内信息共享。销售部依据客户信用档案划分客户的信用等级，对客户进行分级管理，对于信用较差的客户进行预警，禁止与信用极差的客户发生业务。

2. 加强应收账款的核对

企业应该定期与客户进行对账，以便核实应收账款的真实性、完整性，并确保诉讼的时效性。企业财务部门设立应收账款管理会计，负责与销售部及客户核对应收账款。企业应收账款的核对包括公司内部核对以及与客户核对。财务部编制《公司应收账款内部核对情况表》，定期与销售部销售台账核对，并出具分析报告，对核对情况及结果进行评价。企业每年定期与客户核对，由销售部采取寄送对账单的方式同客户核对账目并要求客户返回对账单。核对的内容包括应收账款余额、已发货尚未开具发票的合同额等。财务部根据回函情况进行整理，需要及时调整企业账目的，从而保证应收账款的准确性。

3. 建立应收账款预警机制

企业应该对应收账款进行跟踪管理，建立应收账款的追踪分析与预警机制，从而可以快速识别应收账款的逾期风险，以便采取有效的追讨手段，最大限度地降低坏账发生的概率，从而控制财务风险。企业制定应收账款账龄分析和预警指标报告制度。预警指标报告包括常规报告和紧急报告。常规报告按季度进行，紧急报告随时进行。每季度结束后，财务部按照先进先出的方法对应收账款进行账龄分析，编制《公司应收账款账龄分析表》，并对即将超过诉讼时效的应收账款进行个别预警，由销售部制定清收计划。当销售人员了解到客户出现严重亏损、重大投资失败、债务重组、发生重大自然灾害等情况，将会影响客户正常履行合同时，启动应急预案，第一时间向销售部及分管领导进行汇报，以便进一步采取针对性的措施。

（四）存货管理

存货是企业为满足生产经营需要，在日常经营活动中持有以备出售的产成品或商品、处于生产过程中的在产品、在生产过程中耗用的材料等，包括原材料、在产品、半成品、产成品等。存货的存在势必会占用大量的流动资金。加强存货的日常管理，完善存货的内部控制，可以降低资金的占用水平，提高资金的运作效率。

1. 加强存货的采购管理

为保证供货及时、质量可靠，企业应该建立供应商档案，并定期对供应商进行评估，以便选好供应商，避免订货的盲目性，从而规避采购风险。企业在保证日常生产经营的基础上，根据企业的生产规模、耗用材料、交货时间、库存情况等确定采购量，避免存货的积压，降低资金占用成本。企业针对不同的存货，制定选择供应商的条件和标准，对供应商进行资质调查。对于重点物资的采购，还需要质检部、技术部的联合考察后方可准入，如有必要，甚至会到供应商的生产场地进行实地考察。对于大宗物资采购，公司实行公开招标方式，从供应商的资信、供货价格、产品质量、售后服务等维度进行筛选，从而确定优质的供应商，降低采购成本。当出现应急订单，常用供应商无法满足企业的采购需求时，企业会启用备用供应商，避免因原材料供应不足带来的风险。

2. 保证存货的安全

存货的安全、完整，直接影响企业的生产经营。企业应该制定存货安全管理制度，规范仓库管理。企业仓库配备门禁，非仓库管理员进入仓库需填写《公司仓库进出登记表》，经主管仓库的负责人批准后且由仓库管理员全程陪同方可进入。企业定期对仓库管理员进行安全技术、消防知识等方面的培训，仓库内的消防设施定期检查，按时更新。仓库内部保持良好的通风，仓库物品摆放整齐，仓库内部及周围禁止堆放垃圾及易燃品，并严禁烟火。仓库管理员每天上下班时，对仓库及其周围进行巡视，查看门窗是否牢固，查看有无异常情况，并于下班时关闭电源。

第六节　固定资产管理

一、固定资产管理概述

（一）固定资产的概念

固定资产，是指为了制造产品、供应劳动力、出租服务或经营管理等而建立，寿命超过一个会计年度的有形资产。按经济利用目的划分，可分成生产经营用固定资产和非生产经营用固定资产；从经济用途和使用情况等综合类别，可以界定为生产经营用固定资产、非生产经营用固定资产、租出固定资产、尚未利用固定资产、不需用固定资产、土地（指过去曾经估价独立入账的土地）、租入固定资产。企业的固定资产为经营与发展奠定了牢固的物质基础。

（二）固定资产的特点

第一，固定资产的价值一般都比较大，而且利用期限也比较长久，可以很长时间地反复地进行整个生产过程。第二，在生产过程中尽管可能出现问题，但并不改变它本来的实际形态，而只是按照其损坏程度，逐渐地把其经济价值转让到了生产中去，将其经济价值转让部门回收后成为固定资产基金。第三，固定资金的循环周期相当漫长，它并非决定于商品的制造期限，而是取决于对固定资产的利用期限。第四，企业在购置或者建造企业固定资产时，都必须付出一定数量的货币资金，但这些投入都是一次的，而资本的处理则是根据企业折旧费用分期完成的。

（三）固定资产管理的原则

固定资产管理目标可简单概括为确保资产使用安全、确保资产合理配置、降低成本增加效益等。根据固定资产管理原则，分析具体原则。

1. 全面性原则

即全员参与，固定资产作为劳动资料，应通过全体员工的参与与使用进行转化，同时固定资产维护是全员的工作职责，各部门、各岗位应承担责任，发挥协同效应；全过程管理，从投资决策至资产报废处置，各个环节都应制定管理方案；全方位管理，实现科学管理，对资产使用情况进行全方位的跟踪监控，掌握资产状态，达到降成本、增效益的目的。

2. 充分使用原则

即挖掘限制资产的使用功能，盘活资金，积极部署资产购置工作，着力于提升资产使用率。

3. 经济性原则

即充分考虑技术更新导致设备落后，或者资产受损导致实际使用效率下降等因素，坚持经济性原则，选择提升资产使用效益的方式。

（四）固定资产管理的任务

固定资产管理的主要任务是：建立完善公司的管理制度，购置和使用固定资产合理，不造成资源浪费，保证固定资产的完整性和安全性，使资产的使用率大幅提高。

固定资产管理应坚持集中审批核算、各责任部门分工负责、责任落实到人、资产充分发挥作用的原则。财务部承担固定资产的价值管理职能，生产技术部和综合管理部分别承担生产用和非生产用的固定资产的管理职能，资产的使用部门行使固定资产的使用和保管职能。

二、固定资产管理的重要性

固定资产作为企业资产的一部分，对企业的经营发展有积极的推动作用。而从企业层面考虑，加强固定资产管理尤为重要。以工业企业及制造企业为例，房屋、建筑物、生产设施工具设备等，均属于企业的固定资产，且这些固定资产的价值较高，能够展现企业的综合竞争实力，且在一定程度上代表着企业的外在形象。结合固定资产内涵可知，在加强企业固定资产管理的基础上，则有助于提升企业的外在形象，提高企业的资产运作水平，进一步使企业投资人做出正确、科学的经营决策，带动企业的可持续发展。并且，固定资产对制造企业或工业企业均能够带来一定的经济效益，在加强固定资产管理的条件下，可以使产品生产计划的落实更加合理、高效。在企业产品销售效益得到有效提升的基础上，才能盘活企业的经济利益，在这其中固定资产起到了为企业创造利润价值的作用。

此外，加强企业固定资产管理，可盘活企业的固定资产，有效避免因管理缺失，导致企业固定资产闲置、老旧、大范围损耗等问题，进而使企业整体经营管理水平得到有效提高。总之，无论是从企业外在形象提高，还是从企业利润创造提高角度考虑，加强企业固定资产管理均显得尤为重要。

三、固定资产管理存在的问题

（一）固定资产核算不规范

企业固定资产包括建筑物、房屋、运输设备等，各企业根据实际情况，编制固定资产目录。据调查分析可知，目前企业存在固定资产核算不规范、不健全的问题，主要体现为以下几点。

第一，会计核算不准确，新旧准则衔接不到位，部分财会人员专业素养有待提升，实际工作中将饮水机等价值未达到固定资产且容易损坏的资产纳入管理范围，或者是已经因技术更新或者长期使用而无法使用的资产，并未及时进行报废处置，账面存在，但实物已经丢失或损坏，导致账实不符，虚增资产。

第二，入账不及时，新购置的固定资产仅有花费未能入账，为后续的资产清查和盘点工作带来困难。

第三，办公设备类固定资产使用频繁，相对而言使用人员变动大，因长期不盘点，交接手续不齐全，导致无法了解资产状况，导致资产流失或者重复购置。

（二）部分固定资产利用率低

企业承担社会服务职能，资产数量多，用途广泛，部分固定资产利用率低是企业普遍存在的问题，主要是指部分资产还有使用价值，但因过早购置新资产，旧资产报废处置，造成资产流失，投入成本过高。有的企业片面追求资产占有最大化，盲目采购，资产更新速度快，淘汰还不到折旧年限的闲置资产，在处置这部分资产的过程中企业过于随意，未能与实际相结合，加大无形损耗，固定资产利用率低，长时间下去可能会导致企业资金链异常。

（三）不重视固定资产管理工作

在企业管理中，固定资产的管理相当重要。现今社会，大多数企业管理者过于注重生产环节的管理，只顾追求经济效益，而忽视了固定资产的管理工作。企业领导最关心的是收入、成本和现金流问题，对于固定资产管理意识淡薄，虽然制定有固定资产管理制度，但是很多员工不了解固定资产知识，制度形同虚设，并没有得到真正的执行。一些企业没有设立专门的资产管理部门，财务部的固定资产管理人员同时兼任着其他会计核算工作，任务繁重。生产技术部有一名固定资产管理人员，也是身兼数职，分身乏术。企业其他业务部门更没有专门的固定资产管理人员。这远远不能满足市场经济下的管理需求，严重阻碍了企业固定资产管理的长足发展。

（四）固定资产账面和实物出现偏差

由于人员调动时办公设备随人员调动，如果调动人员未及时到财务部办理变更手续，就会造成固定资产卡片的使用部门、管理部门和安装地点未得到及时更新，不能做到卡、物一致。已达到使用年限、无法使用的固定资产，或者是已经新购置固定资产、但是没有到财务部将旧的固定资产办理报废手续；已达到报废年限、已损坏无法修复的办公设备、空调等，未及时到财务部办理固定资产的报废手续，都没有做到账、卡、物完全相符。原因是各部门没有设置专职的固定资产管理人员，各种培训不到位，很多员工认为固定资产不能使用了，就买新的，不知道旧的固定资产还要走报废手续，觉得多此一举。

技改工程项目结束后，所改造的设备项目已经达到独立可使用状态。生产技术部没有及时地办理工程项目的竣工验收手续，经营管理部拿到验收单后，施工单位发票开得不及时，经管部办理审批付款手续延迟，导致财务部不能及时入账。主要原因是各相关部门都没有引起足够重视，未能及时办理在建工程资本化的相关手续。

企业在购买固定资产的过程中，由于前期缺乏一些必要性分析，各个部门之间缺乏交流沟通，再加上企业间的竞争和部门间的对比，因而会出现重复购置资产的问题，或者是购置资产超标的问题，从而造成企业资产的浪费现象。

（五）固定资产信息化建设亟待提高

大多企业目前仍是在财务账套系统里设置固定资产模块，在此固定资产系统里，有固定资产编码、资产名称、开始使用日期、折旧方法、使用月限、已计提期数、原币原值、累计折旧、净残值等信息。而企业的其他部门没有共享的资产信息，也无法获取财务系统里资产的相关数据，信息化建设不足，数据不能及时更新，造成了企业内部经常会出现账、卡、物不一致的情形。

（六）固定资产管理评价体系不完善

企业的固定资产管理工作十分复杂，一方面必须严格按照企业规章制度执行，另一方面还要结合企业特殊属性，强调资产投资科学化与合理化，实现资源优化配置。要想提升固定资产管理水平，应当设置相应的评价体系，以全面衡量具体实施情况，调动人员工作积极性。但是，目前企业固定资产管理体系并不完善，或者是根本未能设置评价体系，导致相关人员资产管理意识淡薄，工作热情缺失、态度不端正，无法保证资产管理工作效果与质量，引发更多的问题，如盘点工作流于形式、报废管理混乱等。例如，企业为了满足资产管理需求，制定考评制度，但却没有重点关注考评制度贯彻实施情况，实际操作过程中缺少监督，评价指标单一，未能体现固定资产管理的特点。同样未能将其纳入考核评价指标体系，导致最终评价结果缺少客观公正性，不能作为参考标准，难以达到预期的效果。

（七）缺少固定资产生命周期流程管理

企业固定资产数量多，用途广泛，要想加强固定资产管理，确保资产使用安全与效益，应当从资产购置开始，直至资产报废处置，实行全过程管理，全面掌控资产的使用状态。但是实际上，大多数企业还未能实施固定资产生命周期流程管理，账实不符、资产管理混乱、资产使用率等问题频发。例如，企业组织结构链条长，层级划分明确，固定资产规模庞大，企业各职能部门相互独立，实际工作中信息与沟通不畅，各自为政、信息孤岛现象明显，各部门强调完成部门职责，过多考虑部门利益，未能结合企业发展战略与整体效益，重新梳理固定资产管理流程，一定程度上导致管理成本增加，成本控制工作开展受阻。归根结底，是因企业未能进行生命周期流程管理，仅由财务部门或者资产管理部门参与固定资产管理工作，其他部门配合度不高，无法发挥协同作用，各部门沟通成本增加，关于固定资产方面的信息传递不及时。固定资产投资采购与后续维修保养均会产生成本费用，若是缺少生命周期流程管理，则无法将各个环节紧密衔接，无法平衡各方面的成本支出。甚至有可能造成投资决策失误，难以解决成本居高不下的问题，产生不必要的成本投入，资源配置水准低下，不能实现科学化、规范化管理。

四、固定资产管理的优化策略

（一）完善固定资产管理制度

企业应建立健全固定资产的管理制度，实行"统一核算、集中审批、归口管理、分工负责"的管理体制，对预算立项、招标采购、跟踪管理、报废处置等全过程实行规范化管理。明确财务部、生产技术部、综合管理部和固定资产使用部门在管理过程中各自的职能，严格执行制度中固定资产盘点、报废以及处置的各个业务流程，从而实现以制度管事，有章可循，责任到人。企业各部门可以配备一位专业的固定资产管理人员，加大培训力度，不仅要学习资产专业知识，而且还要学习财务管理的基础知识、计算机技术等知识，提升自己的业务水平和专业能力，更好地为企业服务。

（二）加强固定资产内控管理

企业应加强固定资产内控管理，健全内控制度体系，落实固定资产保管责任。在日常的维护中，需要配备专人维护和保养固定资产，对固定资产的运转进行日常的测试，避免出现因使用人员操作不当造成的机器损害，导致固定资产出现提前报废的情况。对于大型高精尖设备，需要由专业人员或者厂家定时对设备的先进性和适用性进行评估，综合评价设备的效益，做好及时更替固定资产的准备，不适合的机器需要及时淘汰换代。以某企业为例，该企业针对责任不清、管理流程混乱等问题，建立完善内控制度体系：一是规范固定资产使用流程，从资产计划、购置、验收直至报废处置，划分不同部门、不同岗位的具体责任，确定主要负责人，监控资产流动情况，以制度为保障，确保资产安全完整。二是严格办理入库、登记等手续，及时进行账务处理，谨防漏记固定资产，张贴标识标牌，表明使用人与管理人。三是建立领用与移交制度，领用时登记信息，如发生人员变动办理转移手续，必要时交回资产，重新分配。四是建立联动机制，注重企业各部门间的信息与沟通顺畅，避免出现"信息孤岛"，一定程度上实现共享共用，提高资产使用效益。五是对于企业运营系统中贵重资产、有特殊要求的资产，建立专人专管制度，严格执行审批流程与管控程序。

（三）健全固定资产管理责任制

企业应完善资产管理责任制，界定各个部门的管理权限，落实岗位责任制。每个使用资产的部门应设立部门的固定资产台账，无论新增、借用、调配还是报废资产，都要及时登记，并按企业相关要求履行审批手续，交到财务部进行变更，确保资产的财务账、卡片和实物保持一致。企业生技部和综管部组织固定资产盘点工作，至少每年盘点一次，财务部和监察审计部负有监盘的责任，对于闲置不用、盘盈、盘亏的固定资产提出处理意见，并写出盘点报告，汇报领导，商讨解决方案。

第一，如果发生部门的撤销、合并、名称变更以及人员调动等情况时，要及时到财务部更新固定资产卡片台账。已达到报废年限或者已经更换新的固定资产，相关部门要及时办理旧的固定资产的报废手续。按照"谁使用，谁保管"的原则，各部门由专人负责核对卡片与资产实物，资产一旦发生新增、减少或者原值变动，就录入部门台账，并及时与财务部沟通，进行账面卡片变更。

第二，企业最初的基本建设和运行过程中后续的技术改造工程竣工后，该工程项目的建设单位出具本单位的工程结算报告，企业生产技术部对工程进行竣工验收，经营管理部编制企业的工程结算报告，经过第三方单位审计后，报送财务部门，财务部委托会计师事务所出具最终的财务竣工决算报告。生技部和经管部共同出具资产清单，并且和资产使用部门办理资产交付手续，财务部进行技改工程转增固定资产的账务处理，并且录入资产卡片。如果竣工决算报告没有及时编制完成，经营管理部应按照工程进度及结算表，参考工程概预算表，暂估该工程项目的资产价值，并提供资产清单到财务，财务部根据暂估的金额，做技改工程转固定资产的账务处理工作，等到决算报告编制完成后，再根据确定的决算金额对固定资产的原值进行调整。

第三，新购入的固定资产，使用部门要填写固定资产领用单，一式三份，自己部门留存一份，交财务部一份，实物管理部门一份，三个部门都要对资产进行检查验收，确保新增固定资产的信息一致，付款审批单、发票和资产领用单交到财务部之后，财务部门录入资产卡片，办理结算工作。

第四，需要拆除固定资产时，应由固定资产使用部门提出申请，属于已经批准的报废设备，由固定资产管理职能部门审查同意，和价值管理部门、物资部相关人员一起对设备拆除前的整体状况进行检查，并填制《固定资产拆除报告单》一式四份，其中：一份交财务部门进行账务处理；一份交物资部门对回收的废旧物资进行核对；管理职能部门、使用保管部门各一份。拆除未经批准报废处理的设备时，按总公司相关规定经公司董事长办公会批准后，按上述程序处理。拆除、报废的固定资产，经固定资产管理部门批准，由使用保管部门移交物资部，由仓库负责保管处置。物资部根据出售资产状况和市场供求情况提出处理方案，提交董事长办公会审批。物资部负责办理经批准的具体的资产出售及回款事宜，并及时交财务部进行账务处理。

第五，按总公司统一要求，每个年度年终决算前对固定资产进行一次全面的清查盘点，保证账、卡、物相符。如果在清查中发现固定资产盘亏，各保管使用部门要分析原因并报告生产技术部审查，经企业生技部同意的盘盈盘亏，应填写《固定资产盘盈盘亏报告单》，上报各级领导审批后，交由财务部做账务处理。

此外，企业应优化闲置的固定资产，提高资产的使用效率，有利于企业的稳健发展。

（四）加强固定资产信息化建设

建立固定资产管理信息系统，有了信息系统，企业可以对各部门的资产使用状况进行分析，然后统筹全局，提出采购计划；还可以按照企业的实际采购要求，筛选出几家价格、质量和信誉都比较好的供应商，最终由企业决定选择由哪家供货。

企业的各项固定资产在信息系统中都有完整的档案信息，用先进的数字化信息技术代替手工录入信息，并通过相应的软件系统执行固定资产计算，实现智能化管理，还可以建立固定资产管理卡片"二维码"，由财务部对固定资产实时监控，并通过数据平台在企业内部共享信息，提高了管理工作的时效性，也提升了固定资产盘点的效率和准确性。

财务部要做好固定资产的管理和核算工作，和企业固定资产管理职能部门、保管使用部门紧密协作配合，做到固定资产资料齐全、使用状况清楚，维修保养及修理及时，账、卡、物相符，完好率和利用率不断提高，保证资产的安全完整和正常运行，防止资产损失。

（五）加强固定资产核算过程管理

2019 年 1 月 1 日，新会计准则正式施行，对固定资产核算提出明确要求，企业应当正确解读新会计准则，以财政部下达的政策文件为指导，注重新旧准则的衔接，加强固定资产核算过程管理。根据新会计准则的要求，企业应对所有固定资产计提折旧，以固定资产性质与使用情况为准，确定使用寿命与预计净残值。固定资产按月计提折旧，合理选择折旧方法，且应在年终时对固定资产折旧方法、使用寿命等进行复核。企业必须严格按照新准则的规定，统一固定资产分类标准，保证资产定义正确，贯彻实施固定资产管理制度，提高核算准确度。加强固定资产定期盘点，详细记录盘点时间与内容，认真核对账目，根据实际情况进行更新，相应增减账簿记录，确保账实相符。同时，设置固定资产卡片登记制度，详细记载固定资产相关信息，及时更新登记账与卡片，呈现固定资产的实际状况。此外，以新会计准则为核心，组织专题培训课程，通过培训提升财务人员的会计核算水平，夯实专业理论基础、积累丰富实践经验，更加胜任新时期的管理工作，保证资产安全完整。

（六）完善固定资产管理绩效评价体系

实践证明，加强固定资产管理绩效评价有助于增加资产利用率、稳固资产管理、落实管理责任。企业固定资产数量多、类型多，要想进一步实现科学使用、规范管理，企业应当建立完善固定资产管理绩效评价体系。

第一，合理设计绩效评价，坚持客观性、可比性、重要性原则，选取适宜的绩效评价指标，从不同维度出发提取关键指标，优化绩效指标体系。

第二，应用管理会计工具，确定 KPI，根据企业的服务性特征，强调考核指标应当涉及各个方面、各个环节，主要划分为资产构建指标、资产管理指标、资产质量指标等，基于此细化考核指标，建立考核标准与绩效评价表，标明考核项目、责任部门等。

第三，成立专门的考核小组，由企业各部门主要负责人组成，优化绩效考核流程，即制定考核指标、正式考核、分析汇总、提出考核意见、上报领导、再次汇总考核意见、下发结果。通过实行固定资产管理绩效评价，一方面可调动员工积极性，提升资产管理效率、降低运行成本；另一方面可保证资产安全完整，提升管理水平。

（七）实行固定资产生命周期流程管理

企业应革新传统思维，积极实行固定资产全生命周期流程管理，从固定资产购置到报废处置，形成全过程监管、全方位控制的闭环，确保固定资产的使用安全与效益，创造价值最大化。企业资产配置水准低下、管理成本过高等一系列问题，分析主要原因，基于生命周期管理，制定固定资产管理优化方案，目的为加强各部门之间的有效沟通，促进良好协作，缩减冗余环节，减少不必要的成本支出，利用生命周期流程管理，平衡资产购置、使用年限与维修保养，实现资产配置最优。企业构建一体化管理模式，优化组织结构，紧密衔接固定资产与财务管理，明确各职能部门的权限与职责，分工合作、预防问题；日常工作由财务部门牵头主导，编制固定资产采购计划、购置新设备、入库、记账等各环节，加强过程监管与控制，建立协调机制、反馈机制、制约机制等，精准定位固定资产管理方向，明晰全责，划分为决策层、管理层与执行层，实现多部门一体化管理；引入大数据、AI 等先进信息技术，采取信息化手段，对资产计划至资产报废整个生命周期流程加以实时跟踪监控，严控资产数量，同时掌握资产状况，通过系统的管理方法，提升资产管理水平。

（八）建立固定资产管理内部审计和监察制度

企业应建立内部审计制度，企业内部设立专门的监察审计部，设有专职的监察审计人员，平常就对固定资产管理工作进行全面统计，及时发现存在的问题，提出整改意见，还要进行不定期的盘点抽查工作。监察审计部在日常的监管工作中，针对资产管理的漏洞，提出合适的解决办法，使日常工作行为更加规范化，保证了企业管理水平的提高。

企业应配套完善监督机制，检查和资产相关的资金流向，确保每笔资金和每项资产都有明确的去向，并且符合管理制度的要求。要提倡企业各部门之间互相监督，对违反企业管理制度的行为给予处罚，对于提出良好建议的行为给予奖励。这样企业就会向着科学化规范化的目标健康发展下去。

第七节　无形资产及其他资产管理

一、无形资产管理

（一）无形资产的概念

无形资产是指不具有实物形态，通常表现为某种法定权利或者专有技术，如土地使用权、版权、商誉、专利权等。除此之外，企业还可能有大量的账外无形资产。例如，先进的管理经验、创新能力、知识信息系统、顾客忠诚度等。随着企业生产经营规模的不断扩大，在一些特殊行业里，无形资产或已逐渐替代有形资产，成为企业核心竞争的关键影响要素。

无形资产在技术企业中的占比较大。企业在进行转型发展时，需要持续加持无形资产的占比，并且不断拓展营销市场资源渠道，创造和创新产权专利技术、知识，这些技术的密集围绕也使技术企业积累着大量的无形资产。技术产品的更新换代、理论知识的更替革新、技术的前沿开发等都属于无形资产的消耗，技术企业生产成本中无形资产消耗成为主要占比。

（二）无形资产管理的重要性

无形资产在企业生产过程中的研究投入占比，影响着企业的市场占有率、价值计算等。另外，无形资产本身具有消耗大、更新快、涉及面广等特点属性，要求企业核算管理工作做到及时调整、及时跟进，并运用适合实情的会计核算方式方法，全面规划考量无形资产结构组成，从而真实有效地反映无形资产的实质内容。同时与企业财务管理工作相协调，为企业整理提供全面翔实的市场价值配给信息、管理参考方案和经营活动规划建议等。

1.掌握企业无形资产状况动向

企业对无形资产进行核算管理，可以以价值形式明确无形资产状态，反映无形资产形成过程中成本费用支出情况，并通过建立无形资产台账，为企业无形资产价值管理奠定良好基础。同时，也是企业无形资产信息披露和知识产权、专利技术等申报的信息来源，有利于企业掌握无形资产动态。

2. 增强企业核心竞争力

无形资产包括商标、专利、知识产权等，是企业核心竞争力的主要技术基础。加强企业无形资产核算管理，是增强企业核心竞争力的重要措施。通过无形资产的价值核算，从价值维度为企业核心竞争力提供价值衡量依据。相对于有形资产的账面价值，无形资产更具有技术优势，可以推动企业实现技术升级，从而维护企业核心竞争力优势。

3. 灵活适应市场变化

加强无形资产核算管理，有利于企业发挥创新能力。核算管理无形资产，充分反映各项无形资产价值构成，也有利于加强无形资产形成成本费用分析能力。而合理调度分配企业技术资源，将企业有限资源投入无形资产的创造中，可以促进企业积极适应市场变化，开发创造更能适应市场需求的无形资产，用技术改革产品，实现更大经济效益。同时对无形资产进行核算管理，可以将企业资源配置合理化，并通过人财物的合理分配，实现无形资产价值优化，合理投入人才资源，从而实现人力资源成本和无形资产价值的合理配比。总之，加强无形资产核算管理，有利于企业增强自主创新能力，使技术和产品、服务更具有市场竞争力。

（三）无形资产管理存在的问题

随着时代的发展，人们对知识产权的认知和运用越来越好，市场生态也越来越好，但仍然存在不少无形资产流失的现象，相关企业难以维护自身权益，这种情况大多数都是自身内部控制缺陷造成的，下面将逐一分析。

1. 企业内部不够重视

时代在改革，但部分企业还是受计划经济的较深影响，只重视商品、设备等一系列生产有形资产，对企业的专利权与商标权等不够重视，很多企业高层对无形资产更是有狭义认识，觉得无形资产可有可无，对无形资产的评估作价又不能真正地体现到资金上。这种想法大错特错，要知道，我们常说曾经的手机界巨头诺基亚已经严重衰败，占据的市场份额少之又少，但实际上诺基亚每年的利润并不少，究其原因，就是因为诺基亚申请了众多专利，其他手机厂商生产制造手机，都需要支付相关专利费用，这就是实质上的经济收入，企业内部忽视，必定导致无形资产流失。

2.无形资产评估困难

无形资产的评估也是非常重要的一点，由于部分企业入账价值不准、自身信息不足等原因，再加上无形资产本身就具有非实体性，让无形资产的评估较为困难，这种现象会让无形资产无法统筹管理。企业自身都无法评估到位，对自身的无形资产模糊不清，也就不能引起重视和加强管理。

3.缺乏强有力的管理制度

可以发现，无形资产流失和转移现象时常发生，甚至有企业企图干扰市场生态，究其原因是企业高层忽略了无形资产的重要性，将无形资产低价"变现"，更严重者是社会的功利性催生了企业管理阶层的功利性，企图操控、恶性垄断市场，对其他企业贿赂以获取更高利润，这都是因为监督部门的职能缺失，没有参与到企业的重大决策中去，董事会的决策、经理层的执行等得不到有效的监督和制衡，最典型的就是企业高层领导之间钱权交易，将企业的商标权低价转移或租赁给他人使用，或将企业的供销系统提供给他人等，"麻痹理论""套现理论"还非常猖獗。

4.人资管理与发展状况不切合

企业内部人才资源管理受企业发展空间、工资报酬、内部成长空间、人才自我价值体现等因素影响，人才在企业中所发挥的作用相较于传统企业，显得更加"举足轻重"。而人力资源无形资产管理制度的弱性特征，使得企业对人才资源的成本资金投入无法得到有效回馈，不利于企业产品技术的研发，也影响了企业下一步发展。因此，企业不得不进行调整变向，甚至需要重新择取另一条企业技术发展道路，给企业的发展速度降速，降低企业市场竞争力。专业技术人员对无形资产核算管理缺乏认识，价值管理缺失，导致在开发过程中，专业技术人员过于专注技术，不利于专业技术人员的全面综合成长，不利于企业市场化竞争需求。专业人员对跨专业跨部门的专利产权管理核算等认识不清晰、不明确，制约了企业人才的综合发展，制约着人力资源在企业综合发展过程中的影响水平和力度。

（四）无形资产管理的优化策略

1.明确无形资产的重要性

企业对无形资产管理的缺陷，大多都是企业高层领导的忽视或者相互之间的钱权交易。因此，加强和改善企业管理监督势在必行，具体而言，思想建设可分为两点，第一，加强企业高层领导的思想建设。一个企业的决策权还是在高层领导手上，因此，思想建设工作要从高层领导开始，日常多做宣传，或请优秀的无形资产管理专家授课；要让领导阶层明白，无形资产是帮助企业盈利的重要组成部分，并且对市场生态的维护和对社会发展的帮助不可或缺；企业领导不能太过于专注暂时性的功利，根据实际情况对企业无形资产做出最合理的决策，并且这个决策不能破坏市场生态；因为只有整个市场生态好了，企业才能更长久发展，否则步子迈得太大肯定会出现社会协调上的错误，对企业的长远稳定发展非常不利。第二，加强企业内部的监管制度。这一点是对企业所有员工来说的，要让企业所有人明白监管工作的重要性，想要构建企业廉洁文化，就少不了监督工作，杜绝企业内部的腐败现象。

2. 完善企业无形资产核算制度

企业应加快健全完善企业的无形资产核算统计制度，全方位、全流程地对企业的无形资产相关信息的动态走向进行核算覆盖。首先，企业应详尽归类各种无形资产成本信息数据，使每一类价值数据物尽其用，保证核算报表的绩效性、真实性。其次，完善监管核算工作流程，加强企业专业核算管理人才队伍建设，注重培养管理人员的专业素质，提高工作人员对核算工作的掌握程度，使其掌握核算的整体工作流程。最后，企业应建立健全无形资产核算制度，如无形资产定义、无形资产确认原则、无形资产计量标准等，用制度规范无形资产创造和价值确认计量工作，为无形资产规范的价值管理创造长效机制。

3. 对品牌的长远发展做出合理规划

市场经济之下，仍然有一些现代企业没有健全无形资产的管理制度，没有跟进时代的变革，简而言之就是制度老化，内部结构简单，效率不足，内部控制缺陷，无形资产中的商标权和专利权反映在实际中就是一个企业的品牌。一个企业要想长远发展，品牌效应就是不得不考虑的事，缺乏对品牌的长远规划，势必让企业核心技术模糊、技术与其他企业混淆，例如当前市面上的共享单车，虽然类似，但不同品牌也在加强对其品牌鲜活性与独到性的规划，有了优良的品牌效应，才能让企业长远发展。

4. 无形资产管理中加强风险评估职能

企业的无形资产是否会侵害其他企业，是否会与其他企业冲突，商标权和专利权冲突的风险评估又是哪样，怎样规避等，风险评估是企业管理和内部控制体系的重要组成部分。

5.加强无形资产被侵犯后的追责能力

商标权和专利权被侵犯，会直接导致销售量下降，还会对企业造成负面影响，当前社会商标被抢注、被冒用、被山寨的现象频繁发生，但由于无形资产本身的非实体性和不确定性，导致追责较难，例如，"雷神山""钟南山""方舱"等名字在特殊时期被恶意注册；为医护人员做饭送饭的"雨衣妹妹"，被恶意申请了"雨衣妹妹"商标，包括服装、餐饮、茶叶等多方面；还有"脉动"饮料与"激动"饮料，瓶装样式都一样，但后者明显是山寨货。上述种种蹭热度、蹭 IP 的行为，对企业产品的销售量肯定会有影响，如果严重更会拉低企业的声誉。另外，企业员工的流动也可能带走企业的无形资产，像商品工艺、供销系统、商业秘密等，企业应当完善追责能力，避免自己的效益受影响。

二、递延资产和其他资产管理

（一）递延资产的管理

1.递延资产的概念

递延资产是指不能全部计入当年损益，应当在以后年度内分期摊销的各项费用。包括开办费、土地开发费、以经营租赁方式租入的固定资产的改良工程支出、摊销期限在一年以上的其他待摊费用。

2.递延资产的管理

（1）开办费的管理

开办费，主要是指在企业筹建期间发生的费用，包括筹建期间人员工资、办公费、培训费、差旅费、印刷费、注册登记费以及不计入固定资产和无形资产购建成本的汇总损益、利息支出等。下列费用不包括在开办费内：应当由投资者负担的费用支出、为取得各项固定资产、无形资产所发生的支出以及筹建期间计入资产价值的汇兑损益、利息支出等。开办费支出的效益，一般涉及企业成立以后的每一个生产经营年度。把开办费支出全部列入企业开始经营的第一年是不恰当的，应该在生产经营的各个年度内摊销。我国财务制度规定，除了筹建期间不计入资产价值的汇兑净损失外，开办费从企业开始生产经营起，分期摊入管理费用，摊销期不得短于 5 年。

（2）经营租赁固定资产改良工程支出的管理

以经营租赁方式租入的固定资产改良工程支出，是指能够增加租入固定资产的效用或延长其使用寿命的改装、翻修、改建等支出。以此种方式租入的固定资产改良工程支出，不应作为当期费用处理，而应作为递延资产管理。其价值在租赁有效期限内分期摊入制造费用或管理费用。

（3）超过一年的待摊费用

企业在生产经营期间会发生一些待摊费用。一般情况下发生的待摊费用其摊销期不超过一年，实际中视这类费用为流动资产。如发生的待摊费用其摊销期超过一年，则属于递延资产。如固定资产大修理支出，其支出数额大，为均衡费用负担，按实际发生的支出计价，并在其受益期内平均摊销。

（二）其他资产的管理

其他资产是指不参加生产经营活动的长期资产，包括特准储备物资、银行冻结存款、冻结物资、涉及诉讼中的财产等。

1. 特准储备物资

是指具有专门用途，但是不参加生产经营的经国家批准储备的物资。特准储备物资的专门用途，一般是指国家应付自然灾害和意外事故等特殊需要的用途。

2. 银行冻结存款和冻结物资

冻结是指人民法院对被执行人在银行的存款或企业的物资等财产实施强制执行的一种措施。根据我国民事诉讼法的规定，被执行人拒不履行法院裁决规定的义务，而银行有存款、企业有物资的，人民法院有权冻结其存款和物资，有权向有关的银行或企业发出协助执行通知书。冻结被执行人的存款或物资，不准被执行人提取或转移。冻结是一种临时性措施，在规定的期限内被执行人自动履行了义务，人民法院可以解除冻结。

3. 涉及诉讼中的财产

诉讼是指司法机关在案件当事人和其他诉讼参与人的参加配合上，为解决案件而依照法定程序所进行的活动。涉及诉讼中的财产，主要是指已被查封、扣押、冻结的财产。企业对这些涉及诉讼中的财产，不得隐藏、转移、出售或毁损。

第四章 现代财务管理的程序

现代财务管理的程序主要是根据企业经营发展的实际情况对企业的财务管理活动进行的优化提升,对于提升企业财务管理效率以及管理质量也具有重要意义。本章分为财务预测、财务决策、财务控制和财务分析四个部分。主要包括财务预测的内涵与意义、企业财务预测存在的问题、企业财务决策面临的现实困境、大数据技术在企业财务决策中的应用、财务控制的原则与目标、企业财务控制存在的问题、企业财务控制的优化措施等内容。

第一节 财务预测

一、财务预测的内涵与意义

(一)财务预测的内涵

财务预测,是指企业根据发展目标和生产经营的需要,以现有的财务资源为依据,运用相关的财务预测方法及流程,计量财务预测数据,优化财务资源配置,并将数据用于企业财务决策及生产经营活动的过程。

企业财务预测是企业财务控制的重要措施,也是企业财务管理的重要组成部分,是企业发展战略得以实现的重要手段。财务预测能够预判企业未来财务数据的发展方向,能够计量影响未来财务资源合理利用的相关数据,为企业提供可行的管理对策,能够促进企业财务资源的优化配置,让企业能够准确把握市场的重要信息和发展趋势,从而节约资源,提升资源利用效率。财务预测是企业预测期中通过对企业财务状况相关数据信息的整合,结合内外部市场和企业自身情况来进行科学合理的模型构建和预测。理想的财务预测管理可以促进企业高效运营,规避相关财务风险,促进企业经营目标的实现。

（二）财务预测的意义

1. 财务预测是企业和市场连接的桥梁

因为市场调研预测属于企业决策的重要组成部分，也是前提和基础部分，因此企业借助有效的财务预测成果，可以更好地指导他们做好企业的资源分配，提升资源利用效率，提升生产竞争力，实现和市场发展的有效对接。

2. 财务预测能够有效规避企业财务风险

财务资源的获得与运用，均存在一定风险。特别是财务资源运用中的支付风险是重要风险来源之一，在进行财务预测中，需要兼顾未来到期债权以及现金流量之间的关系，制定科学合理的预测计划，有效规避企业的财务风险。

3. 财务预测能够保证企业长期发展效益

财务预测在企业战略管理中占据重要地位，如果没有相关企业战略作为基础，只有短期的发展计划，这对于企业的长远发展目标实现是非常不利的。

二、财务预测存在的问题

（一）财务报表本身不够规范

当前，企业在开展财务预测工作的过程中，由于没有统一出具完整的模板，导致不同的人员在开展财务预测工作过程中没有选择统一的模板，不同人员做出来的表格有所不同，使得企业财务预测工作受到较大阻碍，不利于企业的发展。

（二）财务预测指标存在局限

不少企业在开展财务预测工作过程中，仅仅对盈利能力指标开展分析，通过以较少的耗费获得较大的利润，提高自己的盈利能力，从而能够衡量自己的生存价值。然而，在企业开展财务预测的过程中，相关人员同时应该要对自己的营运能力及偿债能力进行相应分析。通过了解自己的营运能力，能够反映出企业管理者经营能力的高低。通过选择偿债比率指标，能够反映出企业偿还债务的能力，从而能够吸引更多的投资，推动自己的规模不断发展。由于在财务预测过程中仅仅选择单一指标，致使企业财务预测工作受到较大影响。

（三）财务预测人员能力有限

企业在开展财务预测工作的过程中，大多是通过自己财务部门的员工定期开展财务预测工作，通过上交财务报表，使得管理者能够了解近期的盈利情况。然而，企业财务预测是一项较为复杂且耗时较长的工程。在开展企业财务预测工作的过程中，不能仅仅依赖于某一个部门的人员，从片面的角度开展财务预测工作。企业缺乏专业的团队开展财务预测工作，收集的信息缺乏时效性、客观性及全面性，企业财务预测工作开展进度缓慢。

（四）缺乏合理有效的评价方法

财务预算评估应与原预算编制目标一致。如今，许多企业都有不同的评估目标。例如，有些人将利润作为他们的主要估值目标。其他人则将维护和评估资产视为关键评估等。然而，大多数企业并不将财务预算视为一项重要任务。财务预算只是一种形式。在评价过程中，企业更注重组织的利益，而忽略了对管理人员的知识、技能等综合素质评价。评价指标与预算准备指标不一致，预算编制指标不能满足企业经营和最终评价的需要。我们不保证资产负债率、现金流量表和预期损益表将通过预算编制前设定的财务预算编制。

三、财务预测的优化策略

（一）统一报表规范

企业财务报表中应该包含资产负债情况、利润情况、现金流量情况、所有者权益变动情况等内容，并且每一项内容又可以根据其时间特点分成定期报告与临时报告，在选择内容过程中可以根据披露的内容分成财务信息和非财务信息。在设计财务报表的过程中，相关人员根据财务报表的作用罗列相应的内容，使得财务预测工作开展过程中有明确的定位，使审核财务报表的人理解集中突出的重点，有利于后续企业财务预测工作的顺利进行。

（二）选择合理预测视角

1. 完善辅助信息的披露

在企业开展财务预测工作的过程中，除了理应披露的信息以外，相关人员还需要披露以下信息：一些有助于相关人员理解财务报表的重要信息；一些相较于成本、效益原因而显得相对次要的原因；一些能够用于补充报表信息的统计数据；甚至是一些对当前企业管理的评价以及对未来企业发展的预测等相应信息。通过不断完善辅助信息，能够使相关人员在了解企业基本经营情况的基础之上，评判企业运行的能力和实力，借此了解企业的经营状况，为企业后续发展提供相应的参考意见。对解读财务预测可以提供很好的理解背景，最大限度地解读企业战略发展方向，进一步了解企业的自身价值。

2. 将财务报表与报注相结合

相关人员在开展企业财务预测工作的过程中，可以通过在财务报表下面以报注的形式备注相应的难点，使得财务报表使用者能够及时看懂财务报表，发挥财务报表相应的作用。通过将财务报表与报注相结合，不仅能够大幅度提高财务预测工作开展的效率，同时能够发挥财务报表的价值。只有发挥基础作用的财务报表具有可读性，以财务报表为基础，开展对财务预测的解读，会大大提高财务预测的作用，避免在工作过程中，因为沟通不善，导致财务预测工作受到较大阻碍。

3. 财务预测与非财务预测相结合

企业在开展财务预测工作的过程中，应该要将重点放在财务预测方面。然而，非财务预测对于企业财务报表工作有着十分重要的意义。企业在开展财务预测工作的过程中，通过采取多方手段不断提高自己的经济效益，获得更多的利润，开拓自己的市场，这些目的可以通过提升企业员工素质，打造良好环境等方面实现。所以，在企业开展财务预测工作的过程中，可以将财务预测工作与非财务预测工作相结合，从而使得管理者能够从更加全面的角度判断企业当前的运行状况。

4. 结合企业内外部环境开展预测

在开展企业财务预测工作的过程中，相关人员需要结合企业的内外部环境，综合探讨企业当前的经营情况。企业在发展过程中，通过编制企业内部制度，使得相关财务人员能够根据制度开展自己的工作。然而，由于企业的内部制度存在缺陷，导致相关财务人员在开展财务预测工作过程中出现诸多态度不严谨、编制数据有误等现象。另外，在企业外部环境之中，由于资本市场、产品市场对企业也发挥着重要的影响，因此根据市场的变化，合理制定企业战略，不断引领企业成长壮大。通过了解外部利益相关人的观点，不断融入企业财务预测中来，修正企业的发展方向，可以更好地提升企业财务预测的准确度。因此，在企业财务预测工作开展的过程中，一方面要不断提高自己的综合实力，加强完善相关制度，保障企业财务预测工作能够有序开展；另一方面要结合外部环境，不断完善修正企业战略目标，使企业财务预测工作不断发挥更大的作用。

（三）引入动态平衡积分卡

动态平衡计分卡按以下顺序编写：财务预算是业务发展过程的重要组成部分。

第一，财政预算要建立在科学依据的基础上。建立合理的预算机构和人力，制定切实可行的预算方案，建立科学合理的评价指标和评价原则。预算活动是一项经济义务。因此，在制定战略时，必须将预算视为一个整体，包括所有相关的利益相关者。只有这样，才能实现公司的战略目标。平衡计分卡是一个综合和量化的预算计划过程，跨不同部门和阶段的干预，同时，要保证职能部门之间的信息共享和数据一致性。这是确保平衡计分卡在实际应用中充分发挥其潜力的唯一方法。因此，有必要建立完整的平衡计分卡体系。

第二，冲突管理。虽然上述预算部门负责提供这种支持，但在实践中，他们必然会面临指标和目标之间的差距。一是"关键绩效指标（KPI）"的设计。平衡计分卡是企业绩效考核体系的基石。它可以衡量企业各个方面的工作质量，也可以反映员工的工作效率和努力程度。基建部门、原材料采购商、销售部门等都会影响预算。在这种情况下，企业应该在平衡记分卡后通过调整预算来使用记分卡作为 KPI 和评估标准的基础。二是趋势假说。KPI 跟踪和预测报告是财务预算中平衡计分卡财务预算的主要形式。三是利用平衡计分卡建立科学完备的指标体系，为绩效评价体系提供了方便可行的参考标准。平衡计分（Balanced Points）卡包含两个维度：财务和非财务。其中，财务指标以"量"为主。有必要——分析整理过程中得到的重要数据，以及其他语言的一些简单的数字、概念和趋势假设。趋势假设是指预测未来市场变化和行业发展趋势，包括利润增长率、市场供需、价格合理性、成本影响等因素。平衡计分卡帮助财务预算人员及时了解宏观市场行情，帮助企业管理者及时了解市场动态和经济信息，帮助财务预算管理部门制定合理的指标，确保企业预算的实现目标。

（四）构建财务预测管理体系

1.构建独立的专业预测体系

这一预测体系是相对于企业和投资者来说的，财务预测专家需要结合相关的财务资料预测，形成相应的预测成果。相应的财务专家具有独立的财务分析能力，他们专门从事相关研究和市场调研工作，能够结合宏观和微观因素来实现财务预测的准确性。因为面向的是市场，高质量的预测信息也是其主要生存和发展之道，且借助市场竞争，还能够实现财务预测信息质量不断提升。加上客观因素影响，企业管理中要强化信息监督和应用，需要具备足够的信息供应，为投资决策提供依据。相关研究表明，财务预测的误差上，专家在预测中的误差更低，可见他们在财务预测中能发挥积极作用。

针对财务指标体系构建中，专家咨询模式应用是比较关键的部分，对于指标确定具有重要影响。在专家咨询中，针对相应指标，邀请专家实施小组讨论，对于每一个初步选择的绩效评价指标进行分析，这是确定绩效指标的第二个重要步骤，也是进一步确保评价结果科学性和准确性的关键。

2. 构建企业全面预测管理体系

在企业财务预测中，以预测管理为核心，不断促进财务管理组织体系的优化，能够在预测管理中设立相关的部门，专门负责相关的财务预测。相应的财务决策部门设计后，能够开展经济效益的分析和研究，为企业的经营决策制定提供依据。相应的会计核算中心要负责企业会计核算和相关工作，促进资产管理水平的提升，真正实现企业资产的高效配置。还需要设置内部审计部门，专门负责监督相关财务预测部门的工作，发挥监督作用。

此外，企业还需要构建分层预测管理体系。设立预测发展部门，按照发展战略要求，执行相关企业预测方案，做好预测编制和执行工作，真正落实相关的分层预测考核机制，保证预测全面开展。

3. 构建完善的财务预测培训体系

在实际的财务预测管理中，要构建有效的财务预测培训体系，不断提升相关财务工作人员的财务预测能力。对此，企业可以组织相关财务人员围绕具体的项目开展财务指标测算。从为什么要测算、测算对应的主题范围、测算整体布局、分项测算以及执行财务测算建议等方面展开讲述，并以重点项目和典型项目给大家具体讲解财务测算的过程。同时强调，要做好企业财务项目的财务测算，要注意以下几点：关注项目实施方案，理解招标方投融资基本思路，但要以招标文件内容为准；做好与商务投标报价部门的沟通工作；充分掌握 Excel 软件操作技巧。从会计核算、财务监督及费用单据审核入手，结合财务规章制度、差旅费、招待费、发票、固定资产管理等预测内容进行现场系统培训和讲解，使大家明确财务操作规范和报销流程。

通过相关财务培训体系构建，让相关财务人员结合自己在实际操作中碰到的问题，就投资项目的选择、融资渠道的拓展等开展热烈的讨论。统一思想，明确工作任务和执行标准，促进企业财务预测管理工作的顺利开展，切实提升财务预测管理水平。

4. 构建外部的财务预测信息披露和监管体系

对于企业财务管理而言，在财务预测中，要以市场发展现状为基础，尤其是对于一些证券公司来说，财务预测更加重要，他们要对企业的财务预测信息进行把握。目的是要借助企业提供的盈利预测和未来财务信息来降低企业管理者和一般投资者之间的信息不对称问题，促进投资者正确决策，实现资源的优化配置。

第二节　财务决策

一、财务决策面临的现实困境

（一）对决策相关信息的甄别难度加大

企业在日常的生产经营过程中，产生了大量的财务与业务事件，各类事件之间的联系又形成了海量相关、次相关或者非相关的数据信息，但并不是所有的数据信息对企业决策都有用，所以，如何在海量数据中快速抓取、分析与企业相关联的数据就显得尤为重要，这在一定程度上增加了企业财务决策的难度。

（二）传统决策滞后于市场环境变化

传统的财务决策重视问题之间存在的逻辑因果关系，首先通过资料搜集、情况调查了解初步情况，然后通过数据分析、信息处理、专家咨询等撰写方案报告，最后提交报告进行评估决策，整个程序下来需要经过的周期较长，所以使企业很有可能错过最佳的投资决策期，对企业的长期利益造成损害。

二、大数据技术在财务决策中的应用

（一）大数据技术在财务决策中应用的可行性

由于传统财务决策存在的局限性和大数据技术在企业财务决策中的应用优势，在企业现有财务决策平台中引入大数据技术是非常有必要的。但是，在实际应用之前，企业相关部门需要先进行可行性分析，对基于大数据技术的企业财务决策平台的构建从技术和经济方面的可行性进行考察。

1.技术可行性

从硬件系统上看，计算机硬件技术的发展升级为企业财务决策平台提供了基础的硬件保障。从软件系统上看，数据仓库、智能财务系统等在内的数据软件为多样化、智能化的财务决策平台提供了先进的软件支持。

就大数据技术来说，大数据收集技术的应用，使得企业对于非结构化数据的采集处理具有较强的可实现性，很大程度上提升企业对非结构化数据的利用价值。互联网系统和智能终端的发展，也大大拓展了企业获取非结构化数据的信息渠道，丰富了企业的数据信息基础，提高了企业财务决策的准确性。企业管理人员运用大数据处理技术可以帮助企业更好地分析经营业务数据和财务活动数据，充分挖掘出这些数据背后的潜在价值，为企业的财务决策方案提供依据。从数据到图形的可视化技术，帮助企业管理人员更好地理解财务指标的分析结果，并以此为依据，制定财务决策方案。

2. 经济可行性

在现代企业生产经营活动过程中，企业管理人员做出的任何决策都离不开成本效益的比较评价，因此，基于大数据技术进行财务决策同样要考虑经济效益原则，降低企业成本、充分合理地利用企业现有资源的有效手段。

将大数据技术引入企业财务决策过程中，一方面，能够利用大数据收集技术获取企业财务决策所需要的各种类型数据，然后利用大数据分析与挖掘技术，发掘数据资源的使用价值，辅助企业进行精准有效的决策，为企业创造更大的收益。另一方面，大数据技术主要涉及软件系统开发，企业数据的获取可以通过与企业内部系统和互联网进行连接，无须投入更多的资本购买新的硬件装备。企业数据的分析和处理只需在系统软件上进行，总的来看，大数据技术在企业财务决策中的应用成本低但效益高。因此，对于一般的企业来说是可以承担大数据技术的使用所带来的经济费用的。

（二）大数据技术在财务决策应用中的原则

1. 以财务原理为指导原则

大数据技术在企业财务决策中的应用是以大数据技术为工具，依据财务的相关理论辅助企业管理层制定财务决策方案的过程。因此，大数据技术在企业财务决策的应用需要以财务基本原理为指导。其优势在于：第一，基于最基本的财务分析和财务决策原理，大数据技术在企业财务决策的实际应用过程中就可以形成清晰可行的数据分析思路，从而选取适合的财务分析方法，为企业财务决策提供重要的参考价值。第二，当财务分析结果与事实不符时，可以基于财务基本原理对照大数据平台中的模型公式，对模型中的数据参数进行修改，从而降低了企业管理人员财务决策失误的可能性。第三，大数据技术在企业财务决策中的应用过程就具备扎实的理论基础,使得财务分析结果能够真正为企业财务决策人员所用,数据分析结果真正发挥出价值。总之,大数据技术在企业财务决策的应用过程中,要严格以财务基本原理为指导原则。

2.智能化原则

智能化是大数据技术应用于企业财务决策过程中的重要实现目标。具体表现在以下几点。

一是实现数据的数字化管理。企业财务管理人员应充分利用大数据处理技术将企业能够获得的所有数据信息以数字化的形式进行存储,确保基于大数据技术的财务决策平台能够及时有效地对数据进行分析,同时根据分析结果为企业财务人员的决策制定提供支持。

二是基于大数据技术的企业财务决策平台应该与企业内部所有部门的信息系统进行连接,同时与所有子公司的财务数据和非财务数据仓库进行对接,实现企业内部信息数据和外部信息数据的连通,真正实现企业财务决策平台的智能化管理。

(三)大数据技术在财务决策应用中的功能需求

将大数据技术引入企业财务决策的过程中,主要是为了利用大数据技术更好地实现财务目标,辅助财务管理者制定财务决策方案,提高财务决策效率。通过分析企业经营过程中的财务数据和业务数据,能够衡量企业的经营状况和财务状况,辅助企业管理层及时做出科学的决策。

在企业进行财务决策的过程中,需要对企业内部资金进行预算管理,尤其在制定投资决策方案时,企业管理人员要精准预算企业内部的自由现金流量,以发挥出更大的价值。所以,构建的财务决策支持平台应包含财务指标分析、财务预测预算和财务决策支持这三项基本功能。

1.财务指标分析功能

财务指标分析功能是企业财务决策支持平台的基础功能。企业决策人员通过对相关指标进行财务分析,辅助企业管理人员制定决策方案。对于传统的企业财务分析而言,基于大数据技术的财务指标分析功能具备以下几点优势。

(1)实现数据的实时分析

传统企业的财务分析所依赖的数据大多是经过会计核算完成后的数据,之后再对有关数据进行分析,这样的分析结果具有一定的滞后性,不利于企业管理人员制定精准有效的财务决策方案。在大数据技术的应用环境下,企业财务分析所依赖的数据是数据仓库中的数据，能够在数据源头上对数据实时进行更新，实现实时数据的财务分析。

（2）提高企业财务分析结果的精确度

大数据获取技术的应用使得企业能够尽可能的获得所需要的数据，通过大数据处理技术能够对数据进行更好地处理，保证数据的完整性，从而使得财务分析结果更加精准。

（3）实现不同企业间实时财务指标对比

大数据技术的应用使得企业财务信息系统拓展了数据源，接入了税务、审计、互联网等外部系统，因此，可以提供不同企业间实时财务指标对比功能。

财务指标分析一般可以分为两大类，一是报表结构分析，二是财务能力分析。报表结构分析主要是基于企业资产负债表、利润表和现金流量表数据进行分析，研究企业的资产结构、负债情况、股东权益结构等。通过研究企业的报表结构，可以初步了解企业目前的财务状况和经营状况。企业的财务能力分析主要可以从盈利能力、偿债能力、营运能力、成长能力、现金流量和资本结构这六个方面进行分析。盈利能力体现企业在本年度内取得的经营成果，偿债能力和资本结构则表现了企业未来偿还债务的能力，营运能力和成长能力表现了企业的可持续发展能力，现金流量表示企业自由现金流的运转能力。

2. 财务预测预算功能

财务预测预算是企业管理人员制定科学决策方案的前提，财务预测是基于企业生产经营活动和财务活动中的历史数据来预测该指标数据在未来一段时间内的变化情况，比如对企业盈利能力的预测，就可以结合财务报表中的相关盈利能力指标进行分析，预测企业在未来一段时间内的经营状况。财务预算就是在对经济指标未来预测的基础上，对企业在产品生产成本、销售费用、投资成本等方面进行预算估计，主要目的是对企业未来资金、成本、盈利水平进行测算，便于企业管理人员进行财务决策。引入大数据技术之后，企业的财务预测和预算系统可以进行实时的动态更改，也就是说，某一个指标的预测或预算输出后并非系统对该指标的预测或预算值就固定不变了，而是系统一旦检测出有新的数据会对该指标的预测预算产生影响，后台就自动对该指标进行新的预测预算估计，并将预测预算结果实时输出。

基于大数据技术对企业经营情况和财务状况进行预测，首先财务管理人员要对企业日常经营活动和财务活动所产生的时间序列数据进行平稳性检验，并对异常值和缺失值进行标准化处理，充分保证数据的完整性。其次，要调取模型数据仓库中的时间序列分析模型和趋势分析模型，结合处理后的数据，对企业的财务状况和经营状况进行科学预测。最后，结合资本结构、现金流量等指标预估企业的资金需求量，根据时间序列分析模型和趋势分析模型对企业在未来一段时间内的经营状况和财务状况进行科学评估，下面将具体从四个能力方面的财务预测目的和过程进行分析。

（1）偿债能力预测

对企业的偿债能力进行预测是为了衡量企业是否具有按时偿还到期债务的能力。企业的偿债能力越强，企业就能更容易地从债权人借取资金用于企业的生产经营活动，优化企业的资金结构。基于大数据技术下的时间序列分析方法预测企业的偿债能力，既可以清楚地知道企业当前的债务结构，又可以在未来一段时间内通过调整资本结构来降低资金的使用成本。对企业的偿债能力进行预测，可以基于短期偿债能力和长期偿债能力的时间特性，将流动比率和速动比率作为预测企业短期偿债能力的财务指标，又可以将资产负债率和利息保障倍数作为预测企业长期偿债能力的财务指标。

（2）营运能力预测

对企业的营运能力进行预测是为了反映企业合理运用现金资产的能力。企业的营运能力越强，说明企业运用现金资产的能力越强，能为企业带来尽可能最大的效益价值。在大数据技术下对企业的营运能力进行预测，可以选取应收账款周转率、存货周转率、流动资产周转率等指标，综合时间序列分析和趋势分析法。假如财务预测的结果表明企业生产活动的资金周转速度快，企业的营运能力强，在一段时间内企业获得的经济效益也大，则说明企业对于资金的使用效率高。

（3）盈利能力预测

对企业的盈利能力进行预测是为了衡量企业在一段时间内的经营状况的优劣。假如企业在该段时间内的盈利能力较强，则说明企业的发展趋势很好，有良好的发展前景。企业获取的利润可以为未来的企业发展提供有力的资金支持。同时也会吸引投资者对企业的生产经营进行投资，为企业带来更大的效益价值。基于大数据技术下的时间序列分析方法和趋势分析法对企业的盈利能力进行预测，可以选取总资产报酬率、净资产报酬率、销售净利率等财务指标作为预测的分析指标。

（4）成长能力预测

对企业的成长能力进行预测是为了衡量企业未来的发展速度和进步空间。企业较强的成长能力往往伴随着企业规模的不断扩大，业务范围的不断拓展，市场占有率的持续增加。在大数据技术条件下，基于时间序列分析方法和趋势分析法对企业的成长能力进行预测，可以选取营业增长率、总资产增长率、自由现金流量等财务指标作为分析预测的指标。通过对企业成长能力的预测分析，考察企业在未来的生产经营活动和财务活动中自由现金流量的变化趋势，预测企业在未来的融资活动和筹资活动所产生的自由现金流量的多少。

3. 财务决策支持功能

财务决策支持功能是大数据技术应用在企业财务决策过程中的最根本的功能体现。在以往的财务决策制定模式下，企业决策人员除了依据基于会计核算数据的财务分析结果，还凭借自身多年的财务决策经验进行财务决策方案的制定，具有一定的片面性和主观性。而将大数据技术引入到企业的财务决策过程中，使得企业财务决策更多地依赖于对企业数据的处理分析，基于财务分析结果制定更为客观精准的财务决策方案，同时基于决策数据仓库中的以往的数据信息和数据模型，可以为企业管理者进行决策方案制定时提供参考依据。

基于企业财务决策内容分类的角度，企业的财务决策支持功能一般包括四个方面，一是经营决策支持；二是投资决策支持；三是融资决策支持；四是利润分配决策支持。

企业的经营决策可分为生产决策、销售决策和存货决策等。首先，生产决策一般包括产品的生产计划决策和生产成本决策这两部分内容。企业的生产计划决策是基于企业管理者签订的产品生产合同上的交货日期等指标的分析结果制定产品生产计划的安排方案和执行方案。企业管理者通过对财务指标进行分析，发现企业产品生产过程中可能发生的问题，通过制定产品生产决策方案，解决这些可能存在的问题，同时进一步提高企业的生产经营效率。产品的生产成本决策可以从原材料成本、制造车间工人的薪酬、车间的投入产出等指标进行财务分析，辅助企业管理人员制定科学有效的生产成本决策方案，从根本上降低企业的生产成本，实现企业利润的最大化。其次，销售决策是基于产品库存、产品销售额、应收账款、主营业务收入和销售费用等指标进行分析，绘制销售额趋势图，产品库存趋势图等，辅助企业管理人员进行销售决策方案的制定过程。最后，存货决策是基于对库存商品数据的统计分析，发现存货数量的变化趋势图。若产品存货积压过多，导致企业资金周转率低，会给企业带来潜在风险。因此，企业管理人员可以调整库存结构，制定低价格战略的存货决策措施，通过薄利多销的方式把存货销售出去，解决企业潜在的问题。

企业的投资决策是利用企业内部的闲置资金，投资企业项目，期望为企业带来较优的投资收益的决策过程。投资决策的一般过程是首先要明确投资的目标对象，确定投资方向。然后对企业内部的资金结构进行分析来制定切实可行的投资方案。最后组织企业的相关决策人员对备选的投资方案进行评价，并结合投资风险和企业自身发展的需要，确定投资决策方案。

企业的融资决策是基于企业实际发展的需要，企业决策人员选择合理的融资金额和融资方式，降低企业的财务风险的过程。通过对企业资产负债率、资金结构等指标进行分析选择适当的融资金额，提高企业的资金周转率，通过向银行借款、在股市市场发行股票和在债券市场发行债券等方式进行融资，降低企业的资金使用成本。

企业的利润分配决策是企业管理人员在年底根据当年企业的盈利情况，同时考虑到企业的长远发展需要，制定股东利润分配方案的过程，利润分配决策一般涉及股东之间分配比例和分配方式等决策方案的制定。

第三节　财务控制

一、财务控制的原则与目标

财务控制是由企业的管理层实施的，能对企业的各项经济活动进行计划、控制、调节和监督的活动，让财务控制能够服从企业发展的目标，提高企业的财务价值。财务控制是财务管理系统的重要因素之一。企业财务控制的原则有以下几个方面：第一，财务控制活动的目的是促进企业财务管理能力的提高；第二，财务控制的手段具备丰富性的特点；第三，财务控制的手段应该根据环境的变化而做出调整；第四，财务控制的原则和内容应该得到全体员工的认同；第五，财务控制活动必须考虑成本和效益的统一。

财务控制活动的目标有以下几点：第一，企业应该建立有效的财务控制组织，严格企业的财务活动，监督财务人员的行为，降低企业发生财务舞弊的概率，保证企业财务效应的发挥。第二，建立有效设计的风险评估系统，提高系统识别和防范风险的能力，减少企业财务报表存在的各项错报。第三，堵塞企业的财务环节漏洞，完善企业的财务流程，提高财务机构的合规意识，减少财务违法行为。

二、财务控制存在的问题

（一）学科理论体系不全

财务管理本身具有较强的专业性、综合性和复杂性，其需要管理人员深入研究企业经营实际和财务控制特征，构建科学、完善的学科理论体系。现阶段，基于管理会计理念开展企业财务管理已经成为企业内控管理的内在需要，但现实情况是，仍有企业管理者未能充分认识到管理会计的价值，在企业内部控制实践中，其未能厘清财务管理与管理会计之间的关系，致使企业财务控制和内部管理的战略性不足。同时，管理会计本身是从西方引入的，其在本土化过程中仍有不成熟的地方，这使得企业管理者在实际管理中难以实现管理会计理念与企业经营实际的融合。

此外，管理会计所考虑的内容要素较多，其在实际管理中需制定系统完善的管理制度体系，科学设计管理方案，但较多企业对管理会计具体目标要求的考虑不足，造成了管理会计在指导实践中操作性不强的问题。新时期，有必要创建全新的学科理论体系，为管理会计指导企业财务管理奠定良好基础。

（二）核算计量手段落后

作为企业财务会计控制管理的重要内容，会计核算以货币为计量单位，通过确认、计量、记录和报告等活动，对企业的经济活动进行记账、算账和报账，这为企业财务管理措施实施和业务决策活动提供了数据理论支撑。现代财务管理中，财务会计核算计量方式具有多元性的特征，但在实际管理中，较多企业仅会使用登记账簿、成本计算、编制会计报表的方式进行核算，这使会计核算方式具有单一性、机械性的特征。同时，会计核算对于企业生产经营具有深刻影响，其应当存在于企业经营活动的各个方面；然而当前企业财务会计核算多侧重于事后核算，对事前、事中的核算较少，这降低了企业财务核算计量的标准性、规范性。此外，信息时代下，一些金融行业的大型企业基本上都已实现了会计电算化，但国内市场上中小企业众多，有较多中小企业未能实现财务核算计量的电算化转变，降低了财务核算的效率和财务管理质量。

（三）与业务部门衔接较少

企业财务控制管理的综合性较强，管理过程受诸多因素影响，故而在实际管理中，需加强财务与业务部门的衔接，这样企业业务生产数据能为财务工作开展提供充足数据，而财务管理措施能为企业业务拓展提供制度。

结合企业管理实际可知，当前企业在财务控制中存在业务部门衔接较少的问题，造成这一问题的成因包括：一方面，企业管理者、财务人员未能充分认识到业财融合理念对企业发展的积极作用，受此影响，其在财务控制中缺乏财务、业务融合的观念；另一方面，业财融合需要专业的理论知识与技能作为指导，但企业经营中，财务、业务人员能在本领域具有较为扎实、专业的知识技能，但是在跨专业层面，他们在认知及能力上尚有不足，这引起了财务、业务部门的衔接问题，对企业的发展造成了较大影响。

（四）信息化管理水平低下

首先，企业财务控制信息化管理需要完整的硬件基础、软件设施作为支撑，这要求企业加快自身自动化办公系统的建设，但现实是企业自身经营效益有限，在计算机、打印机等硬件设备及网络建设中存在投入不足的问题，限制了企业财务控制信息化的转变进程。

其次，在财务管理控制信息化转变中，有部分财务管理人员年龄结构老化，其对于计算机等信息技术的掌握水平有限，而且也未能及时地进行财务人员培训，这使得财务人员专业技能跟不上实际的工作需要。

再次，财务信息化控制需要完整的制度体系作为保证，以此来实现财务管理过程的全面监督。但有较多企业未能制定系统完善的财务信息化管理制度，这使得财务信息化管理过程执行约束不够，且激励引导效果发挥有限。

最后，由于监管缺失等因素的影响，企业财务信息化管理过程还存在一定的安全隐患，降低了企业财务控制管理的实效性。

（五）企业财务内控管理制度不健全

目前，对于一个企业来说，企业要落实财务内部监督管理工作，就要根据企业自身定位选择合适的人员对财务工作进行规划，及时有效地监控财务工作在运行过程中可能发生的问题对企业的发展有着重要的作用。在实际工作中，大部分企业没有设置独立的财务内部控制管理部门，而是把内控工作交给财务部门自己执行，缺乏独立的内控监管部门进行约束。企业对内控流程的建立和执行工作缺少监督，导致职责落实不到位，给企业带来生产经营风险。还有很多企业在进行财务内部控制落实及监督管理方面体制不够健全，虽然形成了企业内部监督管理制度，但制度设立未根据企业量身定制，导致监督管理工作难以有效实施，很难在最短的时间内找出企业财务内部控制中的风险点，给企业带来资产损失。

（六）财务会计内控监督体系不完整

现阶段，在企业的内部控制工作中，由于企业监督工作未能按照实际要求完成，导致监督机制的缺失，直接影响了企业内部控制工作的完成及对员工的绩效评估。同时，企业所处的环境条件也影响了企业内部财务管理制度的建立，尤其是在未设置监督机制的情况下，合理有效的内部控制对于财务控制工作有着较大的局限性，让财务管理工作受到了严重的影响。

目前，我国很多企业在落实内部财务控制监督体系上存在着财务内控意识的缺乏，管理制度没有形成系统的标准，只注重企业目前的利益得失忽视了企业的长期可持续发展，企业领导对内部监督管理工作落实不到位，导致企业在财务方面出现一系列的问题，严重影响了财务工作人员的进度和企业的发展。

三、财务控制的优化策略

（一）完善企业治理结构

企业的治理机构能够对财务控制产生重要影响。首先，企业的财务控制应该体现出财务分层的思想，明确企业各个机构的职责权限，杜绝各个机构职责权限相互重叠的情况出现。用制度管理代替人情化操作，从母公司的角度来调整企业的财务控制体系，保证母公司的财务控制思想能够被各个子公司贯彻执行。

（二）创新财务核算计量方法

创新企业财务核算计量方式，应注重以下要点控制。

其一，企业财务会计核算方式多样，除设计会计科目、复式记账、填制审核凭证外，登记账簿、成本计算、财产清查等都是会计核算的重要手段，另外，财务管理人员还可通过编制会计报表的方式来核算计量财务资本，发挥企业财务控制职能。新时期，企业管理者应结合自身经营实际和财务控制现状，深化这些财务会计核算方式的应用。

其二，在财务会计核算中，企业管理者应努力实现事前、事中、事后核算的有机统一，这样才能实现企业经营全过程的经济核算，提升财务管理的实效性。

其三，在信息时代下，开展财务核算计量方式创新，企业管理者还应深化信息技术在财务核算中的应用，即应在信息技术的支撑下，努力实现企业财务核算计量的电算化转变，提升企业财务核算效率，为后期核算数据应用创造良好条件。

（三）建立合理的财务内控体系

首先，企业应该积极改善整体的内部控制环境。整体的控制环境会决定公司的内控水平；其次，企业管理层应该设计出一套有效的财务内控体系，建立完善的资金审批、采购流程控制和费用报销审批制度，提升内控体系的科学性；最后，企业应该积极建立内控的执行体系，并将内控纳入员工的绩效考核当中去，根据员工对内控体系的履行情况，奖优罚劣。

（四）加强关联交易的信息披露

关联交易在企业的经营中具有重要作用。关联交易是企业避税进行盈余管理的重要手段，但是，关联交易的价格要符合市场情况，不能为了输送不正当利益而进行关联交易。所以，一定要加强关联交易的信息披露，减少信息不对称情况下的违法操作行为，信息披露制度要秉持实质重于形式的原则，探究关联交易的实质情况。

（五）基于信息技术实现财务控制创新

要进一步提升企业财务控制质量，还应深化信息技术在企业财务管理中的应用。

一方面，信息技术在提升企业财务控制效率、质量层面具有积极作用，新时期，企业管理者应加大在计算机设备、互联网等基础建设中的投入，为财务信息化控制管理奠定良好基础。

另一方面，对于企业财务管理人员而言，企业应在积极学习现代财务管理理论知识的基础上，深化在计算机技术等层面的应用探索，以此来提升自身的专业素养。此外，出于保证信息技术在财务控制中应用效率、质量考虑，企业还应从制度层面给予保证，实现信息技术在财务控制中的约束和引导，保证企业财务管理质量，提升企业综合效益。

（六）细化企业内部财务控制工作的职能定位

为了保障企业内部财务控制的规范化开展，首先做到结合企业实际发展情况，进一步确定企业内部财务控制的主要职能定位。在内部审计对财务控制方面，主要是要秉持企业发展规划、重要决策、战略措施为前提实施的。对企业的财务收支、投资、经济管理、内部控制等履行经济责任情况再度进行内部审计。其中，内部财务审计的侧重点应该主要集中于企业的财务收支、内部控制等方面。

另外，值得注意的是，为了保障企业内部财务审计的顺利进行，还是应该再度强化企业内部财务在审计方面的独立性和权威性，提升企业内部财务之于审计机构的层次设置，保障独立客观公正地促进企业财务控制。

第四节　财务分析

一、财务分析的重要性

在大中型企业当中，人员结构较为复杂，体系庞大，经济业务也较为冗杂，这时就体现出财务分析的重要性。财务分析可以充分体现出企业当中的不足和缺陷，总结经验教训，依据企业目前的实际情况来制定未来的发展方向，有着重要的引导作用。财务分析要与时俱进，如果发现问题，要从实际情况出发找出症结所在，并进行及时有效的调整，通过对当前经济状况的分析来对未来的收益等进行预测。

由此可以看出，在企业的经营与管理当中，建立科学合理的财务分析指标体系是十分关键的。科学合理的财务分析体系，不但可以促进企业管理能力的提升，而且还能为企业制定正确决策奠定良好的理论基础，对财务分析进行深层次的研究能够充分发挥财务管理的作用。

（一）有利于提高资金使用效率

企业的财务人员要打破传统工作模式的束缚，杜绝"事后诸葛亮"现象，要在事情发生之前做好预测和决策。企业经营与管理的核心思想就是决策内容，并与企业的未来发展方向有着密切的联系，对决策的有效制定，主要是依据科学合理的预测。财务人员要对相关资料进行采集、分析和整理，确保其准确性和可靠性，再利用科学的方法来做出预测，为企业的未来发展出谋划策。

（二）有利于提高企业运营水平

财务分析在企业的经营发展中有着积极的作用，通过高质量的财务分析，为企业的运营决策制定提供真实、准确的依据，是企业管理者十分重视的，因为财务分析能够反映一个企业的发展规律，展示企业的财务管理成果和目前的状况，并且明确了企业在经营活动当中可能存在的财务风险，预示了财务风险可能发生的程度。财务分析面向服务对象制定决策的需求，为其提供可靠、准确的财务依据信息，通过内部分析、外部分析、专题分析、全面分析、动态分析、静态分析，在整个企业的经济活动全过程中，贯穿和覆盖财务分析的作用。将财务分析预测、执行、反馈、调整、评价、考核、决策、计划等功能充分的应用起来，因此企业可以在财务分析中，有针对性地制定风险防范和治理方案，落实有效的风险防范措施，提高企业的运营水平和经营效益。

企业的财务管理工作中，将财务分析作为关键的组成部分，使企业经营过程中财务管理的发展规律真实地反映出来，企业的管理层可以在制定决策和展开各项管理活动中，以财务分析为依据，分析财务管理的缺陷，准确判断财务管理工作中存在的问题和不足，并加以改进。了解企业的真实运行状况，落实改进、防范措施，保证企业实际运营过程中各项活动的顺利实施，提高企业的运营水平，在财务分析的作用下，企业制定的运营方案和风险防范策略更具有针对性和目的性。

（三）有利于形成良好的工作作风

财务分析的报表并不是盲目编写的，不但要对情况进行充分的调查和研究，而且还要保证资料的齐全。相关的财务人员要不断地更新理念，运用科学有效的分析方法为企业的经营管理提供有力的理论依据，进而编制一个具有建设性和说服力的财务分析报告。要从实际情况出发，对其进行深层次的调查，及时发现经营与管理中潜在的一些问题和现象，并采取相应的应对措施，提高工作的有效性；在反映问题时，要直接明了，具有针对性。

（四）有利于反映企业的实际经营状况

现代企业参与的经营活动越来越多，同时复杂度不断提升，只有借助客观全面的财务数据分析，企业管理层才能精准地掌握生产经营过程中所出现的各种情况，如企业管理者必须了解当前的债务偿还能力、整体的盈利水平，以及企业内部各项资产的利用效率等。

只有这样，企业管理者才能全面客观地了解企业发展进程中具备哪些优势、仍然存在哪些缺陷与不足，从而在下一个生产经营周期内对自身的经营策略进行针对性的优化与调整，避免出现盲目性和随意性较强的决策，最终推动企业管理水平的提升。

（五）有利于企业制定科学的经营决策

企业经营决策的制定要以财务分析为依据展开，财务分析对企业优化经营决策起着支持和参考的作用，在财务分析中，企业能够更加合理、规范地展开经营管理工作，优化财务管理整体的流程。在财务分析中，分析必要的信息数据，精准识别财务管理中存在的潜在风险，能够最大限度地将企业可能面临的风险扼杀在摇篮里，提高了企业的风险防范水平和效率，强化人员的风险防范意识、风险治理意识，为企业制定经营决策提供准确有力的参考和支持。企业在财务分析中，了解市场动态变化，立足于企业未来的发展方向、发展目标和企业目前的实际运行情况，制定与企业发展相互契合的经营决策，更加规范、科学的制定经营决策、实施经营决策，使企业更加客观地了解企业决策是否合理。企业的管理者和决策者在制定经营决策时，消除了主观因素可能带来的影响，优化了企业的经营决策方案，企业的经营发展战略更加科学、完善。在财务分析中，企业当前的财务状况和财务数据信息客观地呈现出来，企业的管理者、决策者将工作环节中的真实情况提炼出来，及时发现企业运营中存在的问题，明确企业经营和决策的方向，推动企业更顺利地发展。

（六）有利于企业建立科学的财务分析体系

要规范企业的财务分析工作，并制定与其相应的规章制度，这不失为一个有效的措施。尽管一些企业建立了与财务分析有关的规章制度，但并不完善。在对企业进行日常经营管理的过程中，要专门设置一个部分来对财务工作进行分析，并且要聘请专业的财务分析人员；在建立财务分析体系时，要对目标与责任进行明确规划，并且提出相应的工作质量和效率；无论应用什么样的方法，制定怎样的指标，企业都要确保财务分析体制的科学性与合理性，并与企业自身的实际发展情况相符。

二、财务分析的内容与方法

（一）财务分析的内容

根据信息使用者的不同，财务分析的内容包括内部分析和外部分析。财务报表等核算资料是对企业进行财务分析的主要理论依据，通过会计的专业计算方法来对企业的财务现状和运营状态进行风险分析与评估，同时它也是企业在日常的经营、生产和管理中的关键组成环节。日常提到的财务分析，多数指的是外部分析，它可以对企业的过去发展历程、目前的发展状态和以后的发展规划指引方向，并引导企业的管理者做出科学合理的决策。

1. 内部分析

内部分析在财务分析当中占据着关键的位置，而且对于企业的经营和管理者来说尤为重要。外部分析是给决策者和股东看的，而内部分析则是给经营管理者自己看的，通过财务的内部分析，可以把企业经营与管理的每一个环节和实际状况更加直观地反映出来。内部分析主要是依据管理者以及金融者的需求而做出的分析，主要包括以下八部分内容，即利润总额的分析、经营利润的分析、主要运营成本的分析、缴纳税费分析、其他费用的分析、企业资产现状的分析、现金流的分析以及杜邦财务的分析。利润总额的分析主要有利润的大小、组成、与同期相比是否达到规划目标等；经营利润的分析有收入的高低、组成、与同期相比的完成情况等；主要运营成本的分析，主要是与同期的成本构成相比；缴纳税费的分析指的是税费的组成以及多少等；其他费用的分析指的是与同期相比，费用的组成是否有差异等；企业资产现状的分析主要是指自身的净资产、总资产、负债以及对所有者权益的分析等；现金流的分析指的是对固定资产、存货以及投资等；杜邦财务分析包括财务杠杆、总资产周转率以及利润率等。

2. 外部分析

对财务进行外部分析的主要依据是财务的报表数据，主要包括以下六部分内容。

（1）财务状况分析

企业主要是通过经营生产的成果来对资金的使用效率进行反映，企业自身的负债情况、拥有资产以及所有者的权益会对其资金周转状况、生产规模以及经营状况是否稳定进行充分反映。在对企业的财务状况进行分析时，主要是对其资本结构、资金使用效率和资产使用效率进行分析。若想对企业的运营能力进行分析，那么就要把资金的使用效率和资产使用效率有机结合，这也是进行财务分析的重点内容。

（2）盈利能力分析

企业是否能够获取更多的经济效益是企业进行经营与管理的主动力，通常指的是从日常的销售当中所获取的利润能力。从企业的盈利能力就能直接看出其经营的优劣，所以相关的债权人、投资者和经营管理人员一定要对此给予更多的关注。

（3）偿债能力分析

偿债能力指的是借款人偿还债务的能力，主要分为两种：短期偿债能力和长期偿债能力。短期偿债能力指的是企业可以对一个营业周期内的到期债务偿还的能力，主要的参考指标有营运资金流动比率等；长期的偿债能力是指企业有能力偿还超过一个营业周期以上的到期债务，可以把固定的支出保障倍数、全部资本化比率等作为参考指标。

（4）现金流量分析

通过现金流量比率来对企业的偿债能力、财务需求能力以及盈利能力进行财务的评价，常用指标有现金再投资比率、现金满足内部需要率以及现金债务比率等。

（5）投资报酬分析

投资报酬是指企业投入资金后所赢得的利润，一般都会把总资产报酬率、净资产报酬率等作为参考指标。

（6）增长能力分析

企业的增长能力是指企业不断提高自身的生产能力，扩大经营规模，而且还具有继续发展的潜在能力，这也是投资者在进行长期投资过程当中最重视的问题。最常用的指标有利润增长率、现金增长率、销售增长率等。

（二）财务分析的方法

财务分析的根本是以财务会计报表等信息数据作为依据，分析某个经济活动和某些经济组织，在财务分析的过程中，应用到了一定的技术手段，对取得的经营成果进行分析和评价，了解和反映当前的财务状况，对未来的经营业绩和财务发展方向展开预测。财务分析为服务对象制定决策提供参考和支持，财务分析的服务对象来源复杂，包括了经营者、投资者、政府机关、债权人、财务分析对象经济组织中的职工，以及利益相关的人员和组织，并且覆盖到了其他想要了解该经济组织财务状况人员、相关组织。财务分析工作是要以财务会计报表作为基本的资料依据展开的，除此之外，会计报表附注也是常用的依据资料，因此财务分析还有一个常见的别称，被称为财务报表分析。目前，财务分析还逐渐向外部环境信息、内部业务信息进行了探索，以此为依据，以提高财务分析的质量，在实施财务分析工作中，以经济组织的历史经营成果数据为依据，加工、整理和分析各项材料信息，提高财务分析的有效性，为服务对象提供支持。但并不能站在孤立的视角，了解财务报表的资料信息，而是要在科学、有效的技术手段下，建立起系统的财务分析方法体系，采取有效的分析方式，例如，比较分析法、比率分析法、因素分析法，均是财务分析中常用的方法。

1.比较分析法

比较分析法在财务分析中是常用的有效方式，根据比较的对象不同，可以将比较分析法分为横向比较分析法和纵向比较分析法，以横向比较分析法为例，横向比较分析比较的是同一时期相同行业内多个经济组织中的财务数据信息，对特定经济组织在整个行业中所占据的优势和所处的劣势，进行专门的比较、分析。而纵向比较分析法，指的则是比较一个经济组织在相同业务中、处于不同时期所形成的财务数据。纵向比较法又被称为水平分析法或趋势分析法，是对组织经营成果进行分析的一种方式，能够将企业的发展趋势及财务状况纵向比较和分析出来。横向比较法和纵向比较法的联合应用，在企业的财务分析中有着关键的作用，具有准确性高、针对性强的优势。

2.比率分析法

财务分析中的比率分析法具体是指企业财务部门通过提取财务报表中不同项目的数据，计算想要得到的比率，并进一步将该比率的历史数据进行全方位对比，通过对比结果判断企业当前的经营情况。在现代企业所开展的财务分析工作中，比率分析法是最为常见的一种应用方法。但是，该种方法也不是没有限制的，如该种方法只适用于静态分析，不能对动态变化的财务资料进行对比；比率分析法所对比的数据必须是已经发生的经营数据，而在对未来数据的预测方面则准确度不高。此外，比率分析法只能对比企业的账目成本，不能有效考虑因物价等因素造成的影响。因此，总的来说，比率分析法有自身的优势，但是在实际的财务分析工作中，不能仅运用该种分析方法，而是要全面考虑，根据分析的需求确定分析方法。

3.趋势分析法

财务分析工作中的趋势分析法又称水平分析法，具体是指现代企业可以将企业不同生产经营周期内的财务报表进行详尽的对比，找出哪些指标朝着有利于企业发展的方向，哪些指标的变化不利于企业发展。

因此，趋势分析法是一种对比企业经营状况变化势头的财务分析方法。在利用趋势分析法的过程中，企业财务部门可以利用的信息较多，这就使得企业可以对各种指标变化的原因及性质进行客观分析，进而对企业未来的发展情况进行科学的预测。

4.因素分析法

财务分析中的因素分析法是指企业根据提前设定的分析参数，以及生产经营过程中的各类影响因素所构成的现实关联，对影响因素的变化情况进行客观定量分析。现代企业是复杂的综合体，有许多因素都会影响企业的财务指标。

因此，通过分析各类影响因素的影响程度能够帮助企业内部财务分析工作人员抓住问题的本质，最终真实客观地反映出企业的经营状况。值得注意的是，该方法使用的前提是假设其他影响因素不发生改变，仅考虑某种因素单独发生变化时对企业经营状况所造成的影响，因此该种方法也具有一定的局限性。

三、财务分析存在的问题

（一）财务报表及其他财务数据存在局限性

财务分析发挥重要作用的基础是财务数据的完整性、真实性和可靠性。如果相关数据存在一定的局限，会对财务分析的结果带来巨大影响。

1.财务报表披露规范性的问题

很多企业的财务报表披露并不完整，企业管理人员掌握更多企业经营、发展情况的真实内容，但是财务报表并不能全部反映出来。这主要是因为财务分析人员与管理人员信息不协调造成的，难以为企业决策提供有效信息内容。所披露财务信息具有较大的误差，无法对企业客观情况进行系统反映，由此使得其分析数据准确性大幅降低。

2.财务报表信息可靠性问题

将企业生产经营状况进行汇总构成财务报表信息，很多企业一线生产部门仅仅关注部门短期效益，进而存在数据虚报、漏报现象较为严重。而且，企业财务人员综合素质差异巨大，无法正确应用较为复杂的计量方法，进而难以保证财务报告的可靠性。

3.财务报表信息比较基础问题

企业比较分析过程中，通过同行、本公司过往及计划预算数据作为分析基础，如果所选择数据信息存在不合理的情况，将会直接影响企业财务分析的有效性。

（二）财务分析报告晦涩难懂

首先，在实际的财务分析工作当中，财务分析报告所用的语言专业性太强，晦涩难懂，不能生动形象地表达数字背后的内涵与反映的问题，并且财务部门不能够从财务视角提出建设性建议，管理层对于财务语言不了解，无法根据财务分析报告获取决策有用信息，导致财务分析不被重视和利用，长此以往，形成恶性循环，财务分析失去了应有的作用。导致该问题的主要原因一是财务人员没有站在管理层和其他部门视角认真审视财务分析的作用、目的，工作敷衍了事；二是财务部门不懂业务，就数字论数字，只是单纯对各种数据指标进行描述性分析，不能结合实际业务，挖掘数字背后反映的问题及其产生问题的真正动因，导致财务分析流于形式。

其次，财务分析不仅仅是发现问题，还需从财务视角提出建设性解决建议，目前虽然部分企业的确是根据财务分析报告制定相应的应对措施，但是由于对实际工作不够了解，因此导致提出的应对措施不具备可行性，所以也就丧失了财务分析对实际工作的指导意义。

（三）管理层对财务分析重视不足

在一些企业之中，过于追求销售与利润的增长，所以没能够对财务部门以及财务分析予以足够的重视，导致财务人员在工作之中无法全面了解与经营有关的信息。现如今，大部分企业将财务部门作为职能部门，并将其工作重心放在核算上，而没能够发挥财务的监督与管理作用。虽然部分企业的确是重视到财务分析的作用，但是更关注于预算的执行与利润情况。

因此，由于管理层对财务部缺乏重视，业务部门也没有配合好财务部门的工作，导致财务分析所依据的数据、资料等不够全面，从而也无法为业务部门的工作进行指导。此外，由于财务报表数据本身也存在局限性，如受会计政策选择影响、受人为因素影响等，使得财务分析结果无法完全匹配企业的实际经营状况，进而影响财务数据的质量，误导管理层的经营决策工作。

（四）财务分析人员综合分析能力不足

现如今，大部分企业的财务分析人员对于法律、市场营销等方面的知识不够了解，专业水平不高且责任心不强，而一份有质量的财务分析报告，不仅需要具有较高的财务专业知识，同时还需要具有较为综合的知识面。而在实际工作中，企业财务人员不能主动了解本企业的业务活动，对于业务流程不熟悉，进而使得财务分析工作脱离实际的经营活动，仅仅是对财务数据或指标展开描述。除此之外，财务人员不能针对企业的某一能力做深入分析，如目前企业融资难、融资贵，却不能针对企业的这一困境对偿债能力做深入分析，财务分析报告针对性不强，流于形式。

（五）财务分析同经营管理决策缺乏联动

就目前的财务分析而言，比较分析与比率分析是最为基础的财务分析方法，然而通过比较分析与比率分析方法所得到的财务数据主要反映的是企业以前的财务经营情况，难以预测企业今后财务的发展变化情况。由此可知，现阶段经营方面表现出来的优势与劣势，可以结合实际情况制定行之有效的调整措施。然而，就分析方法的实际应用而言，因为不同财务会计实际应用的核算方法存在一定的差距，进而很难反映财务数据的客观性。针对同一企业的各个发展阶段，进行数据对比的效果并不明显，所表现出来的局限性较为明显，由此将会对其财务分析结果带来巨大影响。

随着市场经济和数字经济的发展，财务部门的职能作用不断延伸和发展。尤其是随着业财融合、管理会计等理论与实践的深入，对财务部门的职能定位，越来越多地强调为业务服务，为经营决策提供有效信息。通过财务分析、管理会计、全面预算、业财融合等方式，实现财务职能的目标。但目前很多企业的财务部门日常工作中 75% 以上的任务依然是完成基础的会计核算。财务分析主要是围绕成本控制来开展，还停留在初级阶段，并没有实现更多的效能。

与此同时，由于业财融合的深度不足，财务分析的基础数据搜集不够全面，分散到生产部、财务部、业务部、客服部等多个部门，由于一体化的信息系统建设滞后，财务分析需要的数据共享和数据流通无法实现，导致财务分析无法充分发挥作用。

（六）未能构建科学合理的财务分析指标体系

一方面，当前我国仍有相当大比例的企业采用的是传统的财务分析方法，如利用资产负债表中数据计算流动比率和速动比率等，这样只能从静态角度分析企业现状。当企业的流动资产质量不高时，企业的流动资产就可能被高估，包括企业到期债务的偿还能力也会被高估。对于企业发展过程中最为关注的盈利能力，很多企业仍然是以权责发生制为基础，计算销售净利润、资产净利润等指标，但是值得注意的是这些指标并不能有效反映出企业有现金流入的盈利状况，更多情况下只是粗略地分析了企业当前盈利的"量"，而并非企业盈利能力的"质"。从本质上来说，现代企业的现金流量情况才是决定企业生存与发展能力的根本基础。但是，很多企业在开展财务分析工作的过程中，所采取的指标体系不完善，具有较强的局限性，对财务分析的有效性造成了不利影响。

另一方面，很多企业所开展的财务分析更多采取的是事后分析指标，没有加入一定比例的事前、事中控制指标，这导致企业无法进行科学合理的事前预测与事中管理，该缺陷最终可能导致企业所进行的财务分析工作与实施情况存在一定偏差。

四、财务分析的优化策略

（一）创新财务分析观念

财务分析的智能化建设离不开大数据信息的支持，企业要建立起财务分析平台，借助智能化、信息化等科学技术，进行综合、系统的财务分析平台建设，由政府部门作为主导，在法律允许的范围内公开各类信息，促进企业财务分析智能化建设工作的实施，推进财务分析的智能化发展，在企业中普及、推广和运用。企业的财务分析工作要向着高质量、高效率的方向展开逐步探索，首先要紧跟趋势，在意识层面和观念层面作为重要的切入点，进行财务分析观念的创新和思想上更进一步的完善。企业要明确意识到财务分析重要性，了解财务分析和业务工作之间所形成的密切关系，利用智能工具获取可靠准确的基础指标，提高财务分析报告的编制质量。特别是财务分析目前正在借助先进的信息技术，向着智能化的方向展开了探索和建设，依据扁平化的信息和基础工作记录这一关键的来源，致力于构建数据化、标准化的工作流程体系。财务分析要提高工作质量，就必须要比较和判断经济业务是否合规、合理，对企业未来的发展方向进行分析，起到指导的作用，重视财务分析和业务工作之间的相互整合，将业务工作和财务分析之间相互依据和互相指导的关系体现出来，对业务流程进行完善和规范，使各类组织的业务活动更加高效、具体。在业务层面和财务层面展开内部控制管理工作，提高财务分析的质量，建立智能化财务分析平台，借助先进的信息技术、智能技术，及时发现企业在财务分析报告结果中存在的隐患和不足问题，进行调整与改进，建立良性循环的财务分析模式，将财务分析和业务工作之间的关系客观、具体的展示出来，形成先进的财务分析观念，提高财务分析的工作效率。

（二）完善财务分析体系

财务分析的基础是规范的财务核算和完整的数据。只有这样，企业才能根据高质量的数据分析出真实有效的结果。企业需要在财务分析工作开展之前就做好数据整理、审核和复查的工作，通过规范化的流程能减少虚假数据的发生，为分析结果的可用性奠定基础。

1. 不断完善企业财务分析体系

企业财务基础核算对财务分析体系建设具有至关重要的影响，需要充分发挥核算数据的系统、精准作用，这对企业财务分析提供所需数据支持具有重要作用。所以，企业要确保基础数据的真实性和全面性。

2. 不断完善财务核算内控体系

良好的内部控制体系建设能够促进财务管理工作的有效开展，有利于优化企业的科学决策能力，更好地发挥财务数据的重要作用。而且将内部审计体系与外部审计体系进行有机结合，能够全面增强企业财务数据的可靠性。

（三）强化对非财务指标的分析

传统的财务分析报告存在诸多局限，没有空间去披露诸如一个实体的整体商业模式，基于这样的问题，企业在财务分析时应结合非财务指标进行综合分析。根据企业内部和外部信息收集整合，结合企业实际经营活动的关联数据，通过运用专业技术及综合判断，从而分析出企业的竞争能力，内部有哪些优势和劣势以及外部有哪些机会和威胁，进而帮助企业制定战略。内部环境分析根据企业行业性质，通过产品、资源、技术、人力、生产力等因素分析企业的竞争能力，从收集相应的生产经营业务数据进行分析，比如产品废品率、市场占有率、客户投诉率等，并及时跟踪这些指标的变动状况，对于指标的异常表现，财务人员需要及时向相关人员咨询并追溯根源。外部环境分析主要针对产业发展的大气候进行分析，是一切规划的前提，常用分析模式是 PEST 分析模型和五力模型，通过经济、政治、社会、技术等分析评估外部要素对企业战略规划和经营管理的影响，找出企业面临的机会和威胁，分析业内企业的竞争因素及盈利结构，从而考量行业的吸引力和竞争力，因此，要结合非财务指标进行综合判断，加强判断的准确性，有效推动企业实现持续健康发展。

（四）完善财务分析方法和内容

1. 完善财务分析方法

企业应在实际经营过程中不断完善与规范适合自身且科学的财务分析方法，根据管理层需求、公司战略的重点来进行灵活调整分析的角度、运用的指标。从企业管理角度分析、业务分析与财务分析很难割裂开的，那么就需要找到分析的切入点，想要分析得更全面与更透彻，要从多个层面入手，首先，熟悉公司战略，战略层面往往都是定性的了解；其次，从业务层面，例如，企业制定了销售方向的战略与目标，那么分析的重点就是目标对于销量或利润率带来的影响，并分析相应的收益及成本，是否对企业能够产生正向的效益，这种效益是否能够持续等。根据行业性质从多个角度分析，以经营业务为起点围绕销售的分析，销售分析以不同出发点进行，例如，以销售渠道为出发点、以区域为出发点，产品分类及系列分析等；经营活动中围绕成本的分析，以生产环节为出发点，关注与分析生产过程中投入产出比、损耗率，分析工时消耗等。以上结合企业实际经营需求从多维度为切入点制定细致划分到具体的分析制度，且为了财务分析制度能够有效执行，应该从业务起点开始监督和把控，严格审核基数数据的来源，对数据的质量进行准确判断。

2. 增加专项财务分析

在财务分析工作之中，不仅要进行定期和不定期分析，同时还应遵循管理层的要求，对相关的重要事项与经营风险进行专项分析。在进行专项财务分析工作时，财务人员应当从管理层的角度出发，选择管理层最为关注的事项，例如，成本控制分析、宣传转化率分析、研发活动分析等。在分析的过程中，财务分析人员不仅需要注重对分析模式的总结，而且还需要定期对财务数据进行整理，利用专项财务分析所整理出的相关数据，能够对专项活动进行评估分析及规避风险，为企业战略决策提供合理有效数据。

3. 发挥财务分析预测作用

如今，当前市场经济环境较为复杂，财务分析不仅仅是事后的评价，还应当通过对数据的分析，进而为后续的工作做好事前预测，并且加强财务预测的准确程度，能够为企业的经营决策做好基础和判断。财务分析报告不仅要在事后如实反映与分析企业的实际运营状况，同时还应当通过分析财务数据，预测下一阶段的经营状况，并从财务管理工作角度提出前瞻性意见，进而为企业的业务活动做出合理指引。

（五）加强领导层对财务分析的重视

只有企业领导层将财务分析提升到较高的层次，才能有效发挥财务分析的作用。首先，提高财务分析质量，通过管理视角分析的综合报告，一定是围绕企业管理策略与战略进行；其次，分析与管理方针具体有关，以发现问题和解决问题为基本的三个核心：一是问题是什么？二是什么原因导致的？三是解决方案是什么？同时在企业内部强化对财务管理工作的重视，并且将财务分析作为财务管理工作之中的重要部分，而领导层的重视能够推动各部门更好地配合财务部门开展工作，同时也有利于开展财务工作，进而提高财务分析报告的数据质量。

（六）联动分析财务状况和经营活动

结合企业经营特征来分析财务状况，不断对财务分析方法与模式进行创新，有利于提升企业决策的科学性效果。

第一，企业进行财务分析期间，可以立足实际情况制定不同的财务分析方法，结合相应的分析目的完成数据口径的调节。在进行数据选择的过程中，需要全面分析企业相应的战略目标情况、竞争环境条件，需要把握各个阶段的相关影响因素，不断增强其分析结果的准确性。

第二，鼓励企业财务人员深入企业生产经营基层工作，对企业生产经营基本情况有更好的掌握，对企业发展战略加以明确，需要把财务分析普遍规律与企业生产基本特征进行有机联系，不断创新企业财务分析方法与模式，确保财务分析建立在生产经营实际情况的基础之上，充分应用生产经营部门的数据，为企业科学决策创造更多有利条件。

第三，加强财务管理系统的信息化建设，把业务、价值链融合到财务分析中。业务部门、生产部门的子系统要与财务管理系统进行连接，构建资源共享，信息交互的信息管理平台。通过明确权限划分、合理分配资源来实现信息和数据的畅通交互。不同部门之间能够有效沟通和交流，财务分析人员也可以及时采集所需数据，高效地完成分析工作。

（七）强化财务分析人员对业务的了解

大部分财务工作以会计核算业务为主要职能，不了解公司业务及缺乏内部沟通，导致财务无法第一时间对企业日常运营状况进行监控与分析，为能提高财务分析报告的质量，首先，财务人员应当熟悉整个业务流程，对财务人员进行业务培训，加强其与业务人员的沟通，深入业务及收集相应的数据，从而掌握各个业务环节之中所存在的财务风险。其次，企业的重大会议都需要财务分析人员参加，这样才能够全面了解各部门具体的问题，并能够留意领导关注的事项，让财务分析工作能够符合企业的发展方向，从而有效提升财务报告的针对性，分析企业经营活动的薄弱环节与风险，进而能够及时发现问题及解决问题，能够使财务分析更好地发挥管控的作用。

（八）强化财务分析人员的综合分析能力

财务分析的专业水平和分析能力直接关系着财务分析报告的质量，而财务分析报告直接影响管理层对决策的判断，因此，企业管理层对财务人员的专业水平要有一定要求。首先，企业在日常工作中定期或不定期对财务人员进行专业知识培训，例如参加专业机构培训、鼓励并支持财务人员自学与进修、老人带新人等模式，通过培训与学习，了解最新的财会法律法规及行业新技术、同行业运营情况等，提高财务分析人员的专业知识及综合分析能力，并能更好地为企业服务；其次，应当保证财务人员专职专岗，让财务分析人员拥有更多的精力专注于财务分析，并加强编制财务分析报告的科学性，在财务分析报告之中结合实际业务运用多种分析方式，让财务分析报告更加具有说服力；最后，加强各部门对财务分析工作的配合，提供有效的数据，加强财务分析工作的合理性。

第五章　现代财务管理的创新理念

随着网络经济和知识经济的迅猛发展，现代财务管理的内涵更丰富、外延更广、内容更活，传统的财务管理方式难以适应新形势的发展要求，企业必须转变及创新财务管理理念，树立大财务理念，以财务信息化为突破口，全面提高企业财务管理的现代化水平。本章分为绿色财务管理、财务管理与人工智能、财务管理信息化建设、区块链技术与财务审计、网络环境下的财务管理五部分。主要包括：绿色财务管理存在的问题、绿色财务管理的内容分析、绿色财务管理实施的策略探讨、人工智能概述、人工智能对解决财务管理问题的价值、财务管理信息化的内涵与特点、实施财务管理信息化的意义等内容。

第一节　绿色财务管理

一、绿色财务管理的内容

绿色财务管理是改进传统财务管理内容之后的成果，所以其内容体系也应该从传统财务管理的内容出发进行修正与补充。根据财务管理的内容，绿色财务管理的内容包括：绿色筹资、绿色投资、绿色营运、绿色分配。

（一）绿色筹资

绿色筹资又称为绿色融资，包括在融资方的选择和融资渠道的选择时，除了考虑筹资成本，还需要考虑社会效益与生态效益。在选择融资方时，企业要利用自身可持续发展的绿色思想去吸引融资方的注意，从融资方处获取所需的资金。"可持续发展的绿色思想"具体地说就是企业进行绿色生产，在筹资过程中也关注到自身的环保责任，选择融资方时要注意选择与自己同样具有绿色思想的投资方。2018 年 9 月，江苏省九部门联合推出《关于深入推进绿色金融服务生态环境高质量发展的实施意见》。该意见明确要大力发展绿色信贷，优先支持绿色信贷产品和服务，坚决抑制污染性投资等。通过该意见的内容可以看出，企业在进行绿色筹资时，可以优先选择有绿色金融服务的机构作为融资方，为自己提供资金支持。在选择融资策略时，要充分利用国家对绿色行业、绿色产品、绿色企业的支持政策，比如低息贷款、专项性贷款；还要在国家制度范畴内创新筹资方式，比如绿色股票、绿色债券等。

（二）绿色投资

与传统的财务管理相比，绿色财务管理投资活动的主要目的有所扩充，就是在以较低的投资风险与投资总额获取较多的投资收益的基础上，还要承担相应的社会义务。绿色投资的具体操作可以参照中国证券投资基金业协会《绿色投资指引（试行）》。企业可着重对绿色产品、绿色企业、绿色产业和绿色技术的投资。绿色产品是指对环境无污染、有益于消费者和社会的产品；绿色企业则是指生产绿色产品，或者生产过程有益于降低资源消耗、综合利用资源等的企业；绿色产业是指新能源产业、环境保护产业、资源综合利用产业。同时，企业可成立专门的投资研究团队，深入分析值得投资的绿色项目，并研究投资的具体方案，完善绿色投资相关的数据库。也可以聘请专业的第三机构对投资项目进行多方面的风险分析，以及绿色投资的效益等，为绿色投资决策提供理性的数据支撑。

（三）绿色营运

营运资金管理是企业财务管理的重要内容，因此要考虑建立绿色财务管理体系，就必须重视绿色营运资金管理。由于秉承绿色思想，绿色营运在进行传统的营运资金管理基础上，要保证不发生因环保问题导致的绿色成本。在具体的经营活动中，保证绿色营运需要重点关注两个方面：一方面，要给予绿色项目、产品等充足的资金支持；另一方面，不能发生不必要的绿色成本，如不能发生违反环境保护相关的法律法规制度等的罚款，不能因企业不承担环保社会义务造成环保形象差，从而导致企业丧失相应的收益。

（四）绿色分配

在进行绿色分配之前，应按一定比例提取绿色公积金，以弥补绿色融资和绿色投资活动的资金短缺。在进行绿色分配时，要考虑分配顺序、分配比例等问题。在分配顺序上，应对绿色投资者有所倾斜，首先应该考虑优先对绿色投资方进行分配，而且对先来的绿色投资者的分配比例要高于后来的绿色投资者的分配比例，这样能够吸引更多的投资者进行绿色投资；在分配比例上，应该考虑对绿色投资方有所倾斜，绿色股东的分配比例要高于非绿色股东的分配比例。另外，为了鼓励绿色债权人对企业进行投资，可以让绿色债权人享有一定的利润分配权。

二、绿色财务管理存在的问题

（一）企业层面

调查发现，我国实施绿色财务管理制度的企业只占很小的比例，在财务管理体系上采用的还是传统的管理体系。传统的管理体系注重的是经济效益，只看到了眼前的盈利，而没有从长远的角度去考虑企业带给资源环境的重要影响。

1.财务目标短视

很多企业追求的是眼前的经济利益，尽可能让利润达到最大化，但却忽视了长远的发展目标。部分企业没有树立保护环境的理念，为取得丰厚的利润而进行高投入，导致污染严重，使区域的环境遭到了破坏甚至恶化，虽然对于企业来说在短时期内取得了可观的经济效益，但从长远的发展目标来看，对环境效益和社会的整体效益都造成了损害，对企业的可持续发展和我国经济的长远发展规划都是很不利的。实施绿色财务管理制度虽然在短时期内需要投入一定的财务成本，但对企业的长远发展来说是有着重大意义的，它能使企业的短期利益和长远发展得到平衡，推行绿色财务管理必须解决的一个问题就是要平衡企业利益和社会整体利益之间的关系。

2.内部动力不足

强大的内部动力也是企业在实施绿色财务管理的过程中需要的一个重要因素。很多企业都采用自上而下的方法来引入新的管理系统，可一般情况下，只有各个部门和企业的员工才最了解一线的实施状况，但他们却经常处于十分被动的地位。如果不能充分地激励员工发挥工作的积极性，则绿色财务管理的效用将得不到有效发挥。所以企业的各个部门应当将员工作为绿色财务管理实施的内在动力发挥出来，全面增强各部门及员工的环保意识。

3.管理层缺乏绿色意识

很多企业的管理层还没有充分认识到绿色财务管理的重要性，错误地认为绿色财务管理只会增加企业的经营成本，使得盈利减少，没有看到绿色财务管理对企业长远发展的重要意义，没有推行绿色财务管理制度的强烈意愿。能否成功实施绿色财务管理制度，关键在于企业的领导者和管理层，如果他们看重的是当前的利益，那么想要推行绿色财务管理制度是有很大难度的。目前的市场竞争是非常激烈的，企业盈利的空间也在逐渐缩小，在外部影响下，企业的管理者将更多的关注点放在了盈利的问题上，所以绿色财务管理制度实施不力的一个重要因素就是管理层缺乏绿色意识。

（二）政府层面

企业的经济本性是企业在生产过程中不愿意考虑生态环境问题的一个重要因素。原因是企业如果实行绿色财务管理制度则会影响企业在短期内的经济效益，对企业在市场中的竞争力会造成威胁，仅靠企业的自觉性是很难推行的，还需要依靠市场以外的力量来对其进行调节。如果市场出现失灵的情况，则需要政府出手进行干预。但是从目前的状况来看，我国政府在推行绿色财务管理制度所能起到的作用是十分有限的。

1. 投入力度不足

从整体情况来看，我国政府对环境的关注程度还是比较低，与国外相比还存在一些差距。政府在环境污染投资中的总额还不到 GDP 的 1.5%，投入力度不足，在面对一些问题时还没有形成具体可行的规范标准，经常出现监督不力、执法不严的情况，绿色财务管理也没有得到广泛的重视和应用。

2. 政策引导不力

在一些发达国家和地区中，政府实现调控的命令和控制性政策主要是通过环境管理和保护的方式。我国在环境问题方面，监管的力度和监管的措施还不是很完善，政府的监管和惩罚力度是远远不够的，对于破坏生态的行为无法起到警示作用。从另一个方面来说，有的企业是非常重视环境保护的，但政府也没有给出足够的支持和引导力度，对于绿色财务管理体系来说是缺乏一定的条件和动力的。

3. 法律法规不健全

在法律法规方面，我国虽然已经颁布了一些有关环境保护方面的法律，如《环境保护法》，但在执法力度方面也存在明显的不足。节能减排仍然停留在了国家的宏观层面，还没有深入到微观层面。对于微观层面来说需要对其进行量化，而量化需要的是具体的量化指标和优惠政策的引导，只有这样才会让企业的生产经营有章可循，才可能避免高昂制度成本的产生，在追求经济利润的同时能够考虑环境效益。

（三）社会层面

推行绿色财务管理制度需要的是全社会的共同帮助和引导，不仅需要企业和政府的努力和帮助，而且还需要行业协会、消费者以及社会对其进行有效引导。但是，在实际绿色财务管理的过程中，社会的作用并没有完全地发挥出来。

1.行业协会力量薄弱

社会的第三部门其实就是行业协会，它是对政府和市场的一种力量的补充，应当将其作用充分发挥出来。当前我国的行业协会所起到的监管作用是比较弱的，比如在制定行业标准、规范企业行为等方面都没有起到有效的监管作用。与绿色财务管理相关的行业协会由于在行业内部缺乏重大的影响力，无法推出有效的行业标准来对企业的行为进行规范，其社会宣传的力度也不够，难以对消费者的消费理念造成影响，所以所能起到的作用是十分有限的。

2.消费意识落后

我国政府早在 2010 年的时候就提出了要建立以低碳排放为特征的产业体系和消费模式，但截至目前这种消费模式还没有真正建立起来。从一方面来说，这在一定程度上是由消费者的收入水平决定的；从另一方面来说是和消费者的消费意识决定的，很多消费者都有攀比心理，喜欢炫耀。

（四）理论层面

绿色财务管理制度最需要的就是强有力的理论的支持。从现在已有的研究成果来看，很多研究项目都只注重对绿色财务管理理论的某一个方面进行研究，而很少将其作为一个系统的整体来进行研究。绿色财务系统很少涉及与其他环节如生产、物流、营销等方面协调作用。而到了实际的操作层面，由于可以参考的理论存在严重的不足，也没有和企业的其他系统进行协同联系，对造成整体效应来说是大打折扣的，反过来还会影响管理者积极性和实施的意愿。有的企业在实施绿色财务管理的过程中能起到带头示范作用，而对于绿色财务管理制度的研究来说是缺乏整体性和完整性的，需要在这方面对其进行加强。

三、绿色财务管理的优化策略

（一）增强企业绿色财务管理意识

企业也应当转变自身的观念，不能仅仅看到企业的短期效益，应当关注环保问题，重视绿色管理，积极探索绿色财务管理的应用。尤其是一些特殊行业，比如化工行业。增强企业绿色财务管理意识，其实主要是针对企业的员工，尤其是管理层。因此，必须要对企业的员工进行定期培训，而对财务人员更要进行绿色会计和绿色财务管理专业知识的培训，对管理人员则要进行绿色观念的培训。让企业所有员工都意识到企业的"绿色"理念，培养企业的"绿色文化"。

（二）充分调动企业的主观能动性

为了适应时代和市场的发展需求，绿色财务管理应运而生，企业应当早点认清当前的形势变化，及时做出改变，而不能一味地停留在传统的财务管理框架内。相关的调查结果显示，企业实施绿色财务管理的比例实际比意愿实施的比例要低。换句话说，即使有的企业有实施绿色财务管理的意愿，但在实施该体系的条件和推动机制时还是有所欠缺的。通常情况下，经济利益驱动市场经济的发展，很难对生态环境资源进行产权界定，这就使得企业生产的效益性和社会生态环境的社会性之间存在难以调和的矛盾。市场不可能完成自发完成绿色财务管理的实施，还需要政府相关部门对其进行积极引导。所以应当充分调动企业的主观能动性，加强企业自身建设。

主要从以下几个方面进行：首先是完善财务战略目标。企业在制定财务战略目标时不能只能当前利益出发，而要从可持续发展的角度进行考虑，用法律法规来对绿色财务理论进行指导，实现经济利益与社会效益的统一。其次是提高管理者的绿色意识。管理者在进行经营和投资决策时应当具备环保意识，不能以牺牲环境资源为代价来获得经济效益。企业管理者应当对短期利益和长期利益进行权衡，承担起应有的社会责任。最后是提高内部动力。在实施绿色财务管理制度的过程中，企业员工的素质是非常重要的，除了要提升企业的管理质量、技术水平等，还要注重员工对参与绿色财务管理的积极性，要切实提高员工的资源环境保护意识，企业各部门之间也应当加强合作与交流，推动企业财务管理的转型。

（三）加强对企业环保的监管力度

政府要加强对企业的环保监管力度，完善环境管理制度，给予企业一定的压力，尤其是在当前，环境保护问题日益严重，人人都有义务为环境保护贡献自己的力量。具体地，政府应当对每个行业设置一定的标准，并且根据这些标准建立配套的奖惩措施。通过给企业施加压力，倒逼企业重视绿色管理，进而关注绿色财务管理。另外，在给企业施加压力的同时，还应加强对企业的引导和支持，给予企业一定的动力。一味地对企业采取强制措施，只能使得企业被逼改变自身的生产方式，可能会导致很多负面情绪，因此为了促进企业应用绿色财务管理，政府还应该给予引导和支持，使得企业"心服口服"。

（四）发挥行业协会、大众传媒的积极作用

1. 加强行业协会作用

行业协会可以对同类企业之间的经营行为进行规范，使得市场的运作更具规范化和有序化，为绿色管理的实施制定相关的行业细则，对企业在实施过程中遇到的问题进行协调，监督企业的生产以及投资活动。对表现较好的企业进行公开表扬，对表现较差的企业责令整改。这样的方式就可以帮助优秀的企业树立更好的形象和口碑，形成有效的正向激励，能够对形象受损的企业起到一定的威慑作用，从而对绿色财务管理的实施形成有效的监督。

2. 积极倡导绿色消费

绿色消费的宗旨是"绿色、自然、和谐、健康"，它是一种对人类健康和社会环境都有益的新型消费方式。它也是消费者已经意识到生态环境的恶化对生活的质量造成影响的情况下要求企业生产出减少对环境伤害的一种消费方式，企业的经营目标和理念受终端消费市场的影响巨大，绿色消费观以环保为导向，从而为企业实施绿色管理提供巨大的外在拉力。绿色消费不是说要求消费者去降低消费的标准，不是限制消费，重点是减少浪费性的消费。企业还应当通过媒体来举办形式各样的社会公益活动，引导消费者形成正确的消费观，使他们的消费观念不断趋于成熟，引导企业重视资源节约进而促进环境友好产品的生产和销售，尽量坚守过度包装和一次性产品的生产销售。

第二节 人工智能融入财务管理

一、人工智能概述

"人工智能"一词对于21世纪的我们而言并不陌生，人工智能技术更是惠及千家万户。人工智能已然在各领域大展身手，我们的身边处处可见人工智能的影子，但究竟何谓人工智能，我们却给不出明确的阐释。所以要厘清人工智能时代的劳动教育，必然要搞清楚究竟什么是人工智能。追根溯源是为了"站稳脚跟"的同时"以史为鉴"，思考历史背后的意义。历史研究是现在与过去的对话，它

所研究的过去不是死了的过去，而是仍然活到现在的过去。要了解人工智能将来会把我们带往何方，就必须弄清楚它从哪来，今天在哪儿，追寻历史与现实的联系。所以，研究人工智能的定义与历史，是从现实的角度去追溯历史，在人工智能的发展史中寻找对今天的发展仍然起作用的东西。

（一）人工智能的定义

通常来说，人工智能是一门研发人类智能的新技术科学，包括模拟、拓展人类智能的理论、方法、技术与应用系统等内容。人工智能的研究领域十分广阔，包括机器人、语言识别、图像识别、自然语言处理和专家系统等。但实际上，要给一门学科界定范围是十分困难的，即便是数学这种古老的学科，有时我们也很难梳理出一个明确的边界。而人工智能不但正在快速发展而且仍在不断扩展边界，更是难以做出一个相对准确的界定。另一方面，人工智能是一个实用型学科，还是极具代表性的多元跨专业学科，更加大了定义界定的难度。简单来说，人工智能就是一个以机器为基础，以模拟人的思维和行为方式为核心，以做出影响真实或虚拟环境的预测、建议或决策为目的，自主运行、运算效率极高的系统。

就"人工智能"一词而言，它的初次现世可以追溯到 20 世纪 50 年代的那个注定不平凡的夏天，约翰·麦卡锡（John McCarthy）、马文·明斯基（Marvin Minsky）、克劳德·香农（Claude Shannon）等一些志存高远且别具慧眼的科学家们正聚集在美国达特茅斯学院开展一场研讨会，共同研究和探讨一个在当时看来是不食人间烟花甚至是不可思议的主题——用机器模拟智能的一系列有关问题（用机器来模仿人类学习以及其他方面的智能）。正是在这场研讨会上，"人工智能"一词被正式提出并应用，人工智能学科也由此诞生。这场会议对人工智能研究的推动是毋庸置疑的。因此，1956 年被普遍认为是人工智能的起点，而这一年又被称之为人工智能元年。所以，"人工智能"一词起源于 1956 年这一点毋庸置疑，但人工智能的研究究竟起源于何时学界并没有统一的口径。有的认为应从 1950 年克劳德·香农为《科学美国人》撰写了一篇为计算机下棋的理论研究奠定了基础的《实现人机博弈的方法》的文章算起，也有些人认为应从 1954 年"人工智能之父"阿兰·图灵（Alan Turing）提出的图灵测试算起，还有认为应该从 1956 年人工智能夏季研讨会算起。学术界虽然对人工智能研究的确切起源时间略有争论但无伤大雅，可以明确的是人工智能这一学科确实诞生于 1956 年的达特茅斯会议。麦卡锡与他的同事在达特茅斯会议的经费申请书的开篇中提出：在一定程度上"学习的每个方面""智力的其他任何特征"都是可以精确描述的，如此便可以"制造机器来模拟"。还将努力"让机器使用语言构成抽象和概念，解决如今只有人类能解决的各种问题"。并将人工智能定义为："让机器达到这样的行为，即与人类做同样的行为。"

这一定义至今为学术界所广泛采用。了解了定义，知道了从何而来，我们才能分析未来往何处去。人工智能发展至今也有七十多年历史了，对于这段历史的划分学界可以说是仁者见仁智者见智，但总而言之，多数学者还是以标志性成果为界。

与许多故事一样，人工智能的故事也没有一个明确的开头，往1956年以前追溯应该是与逻辑的出现相关。前史过于漫长我们这里不多做阐述，目前学界对于人工智能史简单概括起来就是：普遍认为20世纪50年代是起始；至60年代迎来了第一次浪潮，涌现了模式识别、人机对话、专家系统等技术，但也是在这个时期，人们对人工智能的热情逐渐消散，人工智能的发展进入了近十年的"寒冬"；70年代至80年代，"AM"程序、视觉计算理论、BP算法（反向传播算法）和机器人学等理论与技术的涌现使得人工智能迎来了第二次浪潮；90年代是一段平稳发展期，一件大事是深蓝击败国际象棋大师；2005年至今是第三次浪潮，机器人、机器学习、自动技术、深度学习等人工智能技术频现。

从人工智能的定义与发展史来看，从20世纪开始，人工智能就在潜移默化中逐渐渗透进人类生活，但那时的人工智能由于研究内容比较单薄，而且信息化正是如日中天掩盖了人工智能的光辉，所以人工智能就为人们所忽视了。但至2016年，阿尔法狗（Alpha Go）作为人工智能机器人第一次击败人类职业围棋选手、围棋世界冠军，一时间人工智能名声大噪，无人不知、无人不晓。正是这场胜利表明智能机器人在逻辑与运算上超越了人类智能，同时也标志着人工智能时代的来临。人工智能的发展史虽不像物理、数学、天文这些学科那般久远，但他却在极短的时间以一己之力达到了与这些顶尖学科并肩的位置，其实力和影响力不可小觑，纵观人工智能发展现状和未来趋势更是不难发现，它已然成为全球各地最为关注的热点技术，成为世界各国综合国力竞争的关键所在。

（二）人工智能的本质

人工智能通过对人类智能的模拟，延展了人的劳动能力，人工智能通过把主体的认识能力转化为认识客体，然后对主体的认知进行模仿，进而实现对人的智能的延伸。人造机器之所以能够实现机器智能正是在于人类实践能力的提高。如今的人工智能的本质是人的智能的延伸，是用以辅助人的劳动的科学技术手段。人工智能是人类不间断的实践的结晶，并以外在于人的物的形式反作用于人类实践，不断增强人的实践能力。

之所以说人工智能是人类历史实践活动的产物，是因为人工智能的产生与发展并不是一蹴而就的，而是在各项技术的不断突破和完善的实践过程中逐步发展起来的，它的发展大致经历了三次发展热潮。20 世纪 50 年代至 60 年代是人工智能的萌芽阶段，其中以"图灵测试"，即一项用以分析"机器能够思维吗"这个问题的提出为标志，使得人工智能在学术圈引起了第一波研究浪潮。20 世纪 80 年代至 90 年代，是人工智能发展的第二次浪潮，语音识别是人工智能在应用领域较早取得重大发展的一项技术，它的突破性进展使得人工智能迎来了第二次发展期。随着人工智能话题性不断增强，引起了更大范围的关注。美国数学家、小说家弗诺·文奇（Vernor Vinge）在美国国家航空航天局的会议上总结了"技术奇点"概念，认为技术的智能性发展在未来可能会超过人类的理解能力进而产生无法预料的后果。1997 年 5 月，超级计算机"深蓝"打败了国际象棋棋王、世界冠军卡斯帕罗夫，作为人工智能发展历史上与人类对战的第一次胜利，人工智能在世界范围内引起了轰动。近年来，在深度学习技术、计算机技术以及移动互联网等技术的共同推动下人工智能迎来了第三次发展热潮。与前两次人工智能发展浪潮的不同之处在于第三次人工智能的发展浪潮已在多个"类人"智能领域获得突破性进展，随着人工智能技术的应用不断扩大，其影响范围也从学术界扩展至诸多生活场景，已逐渐渗透到人类日常生活之中。

可以看出，人工智能的研究是沿着对人类智能模拟的路径展开的，对人的智能的模拟程度也在随着技术的不断突破而逐步趋近，在这一过程中，人对自身智能的研究与认识不断加深，借用人工智能技术延展出的各种劳动工具，使得人的实践能力不断增强，人的实践能力特别是创新能力的增强又进一步推动着人工智能的进步，因此人工智能的发展与人的实践能力的发展是相互促进、相互优化的过程。人工智能在不同的历史时期，历经不同的发展阶段，人类正是在人工智能发展的历史过程中不断确证和发展着自身的实践能力，由人的实践能力长期积淀而生成的人工智能同历史上的科技一样，贯穿于人类生产与生活之中，使人的生产与生活变得智能化。

因此，人工智能是在人类实践发展需要的推动下衍生出来，是人类多项科技成果积淀而来的一项新的尖端科技，正如科技是人类生产与生活的辅助器，人工智能科技同样是人类社会实践的辅助性手段，在人工智能开拓出的新的实践领域内人的实践能力得到延展与提高。可见，人工智能实则是作为一种辅助人类劳动发展的科学技术手段服务于人的实践活动。

（三）人工智能的发展现状

目前，人工智能的总体情况正如国内学者所概括的那样，既趋向成熟又有新芽涌现，既有长足发展又弊端频现。从《新一代人工智能规划》（以下简称《规划》）中人工智能的应用领域之广我们就可以看出人工智能已然呈现出瓜熟蒂落、水到渠成之势，而从加特纳（Gartner）牵头发布的 2019 世界人工智能技术趋势分析报告暨人工智能技术成熟度曲线以及我国科技创新2030——"新一代人工智能"重大项目 2020 年第一批项目申报指南中又会发现，对比前一年，全球人工智能正不断萌发"新芽"，人工智能技术处在创新阶段，像类脑智能、智能芯片、边缘人工智能、人工智能云服务等新创意不断涌现。而长足发展指的是应用于特定任务的专用人工智能，最显著的就是人工智能带来的"无人"化产业。物流业首当其冲，京东物流昆山无人分拣中心作为全球首家全程无人分拣，一经曝出就惹来广大网友与同行的热烈讨论。与无人分拣相适应的还有无人快递驿站。不仅是物流行业，制造业的无人工厂、零售业的无人超市等都彰显出未来是"无人"化的世界。生活中，"天猫精灵""小 E 小 E""Hi Siri"更表明人工智能如影随形。无人驾驶、医疗机器人、ETC 收费系统、人脸识别等技术无不彰显当今时代就是人工智能的时代，人工智能技术无处不在。而弊端频现，一方面表现为可以实现"一脑万用"的通用人工智能发展缓慢；另一方面表现为智能技术带来的例如数据安全、个人隐私、劳动就业等社会问题的频发。正如古语所云，祸福总相依。人工智能目前正走在从"可以用"到"很好用"的道路上。但要注意的是，如同蒸汽机引领了蒸汽时代、发电机推动了电气时代、互联网带来了信息时代，人工智能也必将成为引领新一轮产业变革、引领一个全新时代的决定性力量。目前，世界上的主要发达国家都逐渐着手将人工智能发展为中坚力量。人工智能是一场关乎前途命运的比赛，如果错失良机我们将重蹈落后的覆辙，所以我们需要、也必须抓住机遇，力争上游，致力于最大化其利，规避其弊。

从上述这些发展来看，人工智能在似乎无处不在、无所不能，但事实上，就实际情况而言，人工智能的极限仍然是将意义转换成数字的极限，即便在未来它存在巨大的潜力，但它的潜力依然局限在数字或者说技术领域，人工智能超越、取代人类智能在我个人看来是必不可能的，但也不乏一些学者认为未来两相博弈的结果如何尚未可知。

二、人工智能背景下财务管理存在的问题

人工智能背景下，传统以人工为主的财务管理模式已经无法满足当前财务管理工作的需求。企业在财务管理上仍存在以下问题。

（一）业财融合不深入

业务财务深入融合的目的是为企业的经营决策提供有效的信息支撑。企业的财务既要参与企业运营，又要对企业的运营活动做出精准的剖析。当前企业业财融合主要存在以下问题。

1.业财融合意识不强

企业内部业财融合理念并未全面深入人心，部分人员缺乏业财融合意识，未能配合相关的融合工作。业务、财务两大部门各司其职，各自为政。财务部门没有向业务部门提供决策规划服务、风险预警，业务部门没有向财务部门提供业务数据信息，为决策提供可靠依据。有的甚至相互抵触，财务部门埋怨业务部门没按预算及相关财务制度规定办事，业务部门觉得财务部门处处为难，深受约束，管理上严重脱节。

2.缺乏完善的业财融合体系

一些企业中，业财融合比较表面化，财务人员没有对业务流程的关键控制点进行把控，没有对每一项经济业务做到事前预测、事中监控和事后分析，没能为企业的风险控制、战略决策提供有力的支撑。

（二）财务管理意识淡薄

财务管理是企业管理的重中之重，科学合理的财务管理体系对于企业的发展起到良好的把控、促进作用。但现阶段部分企业财务管理意识淡薄，主要体现在以下几点。

1.忽视财务管理的作用

有一些企业的领导层和财务人员对于财务管理工作的重要性认识不足，他们认为经济效益是靠生产出来的，跟财务管理没有多大的关系，财务管理意识相对薄弱。

2.缺乏财务管理转型意识

时代在发展，技术在进步，人工智能时代的财务管理理念也在不断升级。随着人工智能技术的应用，财务管理工作在数据的收集、筛选、监管、分析方面将

更为深入，更为精细化。财务管理的重心转向风险管控、决策支持、市场洞察等领域。但企业和财务人员对人工智能，以及人工智能对财务工作的影响缺乏足够的认识，财务管理创新意识不强。财务人员对财务管理的认识还停留在传统阶段，没有及时更新财务知识，开拓视野，没有意识到财务管理工作转型的紧迫性，财务管理在企业管理活动中没有充分发挥其职能，失去了其应有的地位和作用。

（三）财务智能化投入不足

近年来，人工智能技术在财务领域的应用越来越成熟，图像识别、语音识别都广泛地应用于资料的收集环节，速度快、准确率高，大大提高了财务工作的效率。人工智能技术在应用简单的会计核算的同时，也逐渐地往财务管理方面功能延伸。智能化技术对数据的获取、筛选和分析发挥着重要的作用，但现阶段还存在着部分企业财务智能化投入不足，主要体现在以下几点。

1. 财务系统智能化水平较低

部分企业由于高层管理人员对财务管理工作不够重视，对信息技术和智能化技术投入较少，企业的财务系统仍然处于传统的信息化阶段，财务管理智能化水平较低，会计核算工作大部分仍然需要由会计人员来完成。财务系统功能较为单一，主要是针对会计核算业务，系统在财务管理方面的应用较少，对于资金管控等方面的力度不足，存在着潜在风险，财务系统智能化仍有很大的提升空间。

2. 缺乏内部信息共享平台

企业内部财务系统与业务系统没有实现完美对接，没有构建内部信息共享平台。财务人员仍需在财务系统中手工录入业务信息，业务部门也没能及时获取相关的财务数据作为决策支撑。各项财务管理工作的开展对于人的依赖性相对较高，没能充分利用人工智能技术带来的优势。由于缺乏内部信息共享平台，财务人员就很难在短时间内应高层管理人员的需求在海量的数据中分析出有价值的信息，从而影响了财务数据的时效性，制约了财务管理工作的转型发展。

三、人工智能对解决财务管理问题的价值

（一）有利于节省人工成本

传统的财务管理工作并不是一项简单的流程，虽然看起来会计工作者在实际

操作过程中，都是重复单一的工作项目，但实际上每一个财务环节都需要配备一名财务工作者，如果工作量比较大，甚至还要配备多名。人力成本大大上升不说，人一多还容易发生出错的现象。

融入人工智能之后，可以在一些比较单调枯燥的工作环节进行人工智能的运用，例如自动对账、电子收银、财务集成等技术，就能让很多会计工作彻底解放。最重要的是人工智能比传统人工更具有科学性，也许人工会因为身体原因或者外界因素，产生出错的可能性，但是人工智能几乎不可能出错。会计资料本身就是比较严谨的部分，使用人工智能也能降低出错的概率。

（二）有利于数据集成管理

很多人觉得企业的财务部门和业务部门是两个部门，数据应该无法实现互通有无，即使两个部门真的有联系，关系也不大。其实这种思想是错的，业务部门和财务部门之间的关系非常紧密，在人工智能的加持下，可以实现企业之间信息紧密联系的特点。业务系统的运营讯息直接关系到财务管理工作的下一步进行，企业的异构资源成为有机整体将会是未来企业发展的核心，而人工智能的加入就能帮助企业加快脚步。当人工智能加入财务工作和业务系统时，就能从根源上优化整个业务系统，加快企业内部信息传播的速度，增加企业管理的时效性，让企业管理工作更加规范。

（三）有利于提升信息处理质量

在财务管理工作中，人工智能的应用能够为财务管理工作提供更加全面和准确的财务信息与管理信息，帮助财务人员和管理者快速对财务工作的变动做出科学的应对与处理。

首先，在财务工作中纳入人工智能手段，能实现数据快速集成与共享，人工智能下所形成的强大数据库，可以使数据得到及时的更新和共享，从而确保财务工作在决策过程中更加透明，最终得到更加科学的决策结果。

其次，人工智能可以根据票据的电子信息获取详细的数据内容，并把这些数据快速、高效地录入财务系统中，直接生成记账凭证，正确率几乎可达到百分之百，极大地提高了信息处理的质量。

另外，传统的会计数据很难准确预测未来一段时间内的财务状况，但人工智能下形成的数据库可以获取内外部详尽的相关信息，并对财务方面的数据信息进行详细的收集、分析与处理，从而对未来资金的获取和支出进行精确推测。

（四）有利于提高财务管理效率

人工智能利用其自身的技术优势，打破了过去传统的管理方式，在财务管理效率提升方面起到了重要作用。例如，在财务管理的过程中，通过人工智能整合不同工作部门的数据和信息，形成了集软件系统为一体的自动智能处理办法，对企业的资金使用情况、财务预算情况、活动开展的过程进行研究和监控，有效避免了过去传统管控模式下烦琐、复杂的报账流程，进而能够在人力、物力上进行节省，避免了大量不必要的资金和资源浪费情况，降低了财务管理的运营成本。

另外，在传统的财务工作模式中，人工形成的纸质票据、凭证流转量大，由于财务程序严格，各流程管理的财务人员对票据都需进行多次翻看、计算与核对，纸质票据在多个财务人员流转的过程中，损坏丢失的风险便不可避免。人工智能下形成的财务系统最大的优势体现在能够将票据的电子信息及时、全面地传递给下一流程人，不仅能够脱离人工纸质票据的限制，而且还能够降低纸质票据在多人传递过程中损坏和丢失的风险，进而有效提高财务信息的传递效率。

（五）有利于增强企业综合运营能力

在传统的企业运营中，各个部门的信息都不是通用的，几乎每个部门都有自己的运行方法，各部门无法实现资源共享，就有可能出现信息传达不及时的情况。而且各部门都选择不同的软件进行工作，既增加了企业的运营难度，也增加了软件的成本，降低了企业的利润。除此之外，因为部门之间的资源无法实现互通有无，导致财务部门和其他部门之间的沟通不顺利，在遇到财务问题或者其他问题时，往往需要耗费大量的时间去沟通和查询，极大地降低了企业的运营效率。

将人工智能与财务管理结合之后，能够让各部门之间的讯息资源互通有无，在高效联动的过程中实现数据共享，企业管理者即使不深入到各部门，也能从整体上观察到各部门的运营讯息，从大局上查看企业的运营机制，帮助企业管理者做出正确的管理决策。而各部门之间的信息能够实现联动，也能及时规避掉一些潜在的风险，现在的市场瞬息万变，想要及时抓住市场行情，你的企业就要比别人更快一步，部门之间实现联动，就能及时获取客户的讯息，并用最快速的时间制定出方案，帮助企业提升市场竞争能力。而企业管理者在查看企业运营过程时，也能发现企业运营的漏洞或者难关，从企业的角度出发，帮助企业更快地解决问题，减少时间成本，加强企业在综合管理中的整体水平，这才是人工智能融入财务管理最大的好处。

（六）有利于提升企业财务决策水平

首先，人工智能背景下，智能化机器即财务机器人的工作是基于事先设定好的程序来开展的。财务机器人不像财务人员具有主观意识，因而在一定程度上能够防止人为造假，减少错误，有效提升了财务数据的准确度。

其次，通过智能财务管理系统对企业的日常运转进行实时的、全方位的监管，能够实现即时抓取各种财务数据，从根本上保证财务管理数据的时效性，为管理者提供及时准确的财务信息，对企业的运营提供科学合理的建议，提升企业财务决策水平，帮助企业管理者制定更加专业化、可行化的企业发展战略。

（七）有利于实现财务管理监督智能化

在财务的管控方面，可以利用人工智能建立事前、事中、事后全方位一体化财务监督管理体系，可以更好地保障财务的信息数据和资金安全。首先，需要使用大量资金的项目时，人工智能可以对资金的使用情况进行有效、准确的预测和分析，有利于管理者对财务的使用状况方面进行准确决策。人工智能还可以被运用于财务防控风险建设中，对关键有效信息进行捕捉、挖掘和分析，实现财务数据的实时监控。

此外，还可以利用人工智能的预算约束机制和财务风险防控机制，对财务方面存在的隐性风险进行快速有效的识别、分析和响应，人工智能对财务管理流程整体的监控，能够将财务风险降到最低，从而全面提升财务内部风险防控的质量。

四、人工智能应用于财务管理的策略

（一）提升企业对外沟通能力

企业对外共同的语言并不是传统意义上的"语言"，而是财务资料，尤其是同国外企业进行沟通的时候，首先交换的就是双方的财务数据。在全球经济一体化发展的背景下，财务数据已经逐步发展成为专用的商务语言。而人工智能系统却又无法单独存在，它需要一个载体才能更好地与外界沟通，财务数据就是很好的载体，加强人工智能系统与财务管理工作对外沟通的频率，根据国际行情不断地调整产业结构，让企业可以更好地与国外的企业进行交流与合作。

比较直观的例子就是现在热门行业国际金融、跨国融资等，这些都是人工智能对外交流的好方式，会计人员不能墨守成规，坐井观天，要积极开拓视野，增加知识面，在未来全球化的发展中，能够运用人工智能帮助企业规避数据风险，提高产业竞争能力。

除此之外，中国的会计准则与国外通用的会计准则，还是有些许不同的，会计人员也应该积极学习国外的会计准则，在国际贸易的交往中，不能因为违反会计准则，而降低了企业的声誉和影响。还要重视不同国家之间在会计结算方式上的不同，这可能会涉及数据和金钱回款时间的不同，此时就可以利用人工智能系统，帮助企业规避掉潜在的风险。

（二）提高企业风险预警能力

即使是采用人工智能化系统的企业，也无法完全规避掉企业的财务风险，即使是再严格的把控也会有财务风险的可能性，必须加强对财务管理工作的重视，提高风险预警能力，让人工智能系统贯彻企业运营的始终。因为人工智能系统能够从上至下帮助企业监测风险，所有的财务数据都在人工智能的掌握下，定时进行风险分析，可帮助管理层及时做出预警，并制定出相应的策略。

（三）提高财务工作者的重视程度

想要推行人工智能系统就要让企业成员意识到人工智能系统的重要性，很多工作人员觉得人工智能系统除了操作便捷一点也没多大的作用，从而丧失了对人工智能系统的摸索和学习。企业要加强财务工作者对智能系统的重视，促使会计人员在人工智能系统的管理下进行工作，保证财务系统的正常运行，让企业的财务管理工作更加规范和科学。

但同时也要对财务管理人员进行思想教育，让他们接受人工智能带来的便捷和规范化管理，但是也不能完全依靠人工智能带来的便利，要及时规避潜在的财务风险，不断地探索人工智能系统在企业运营中的新作用，让人工智能系统和财务管理工作融会贯通，从而达到改善企业管理的目标。

（四）加强会计人员的综合知识储备

人工智能系统在我国的发展中仍属于起步阶段，尤其是在财务管理工作中，虽然能够代替一些枯燥乏味的工作环节，但是在实际的会计工作中，最多也就起到了辅助的作用。会计工作者在实际操作人工智能系统时，不仅要提升财务知识的储备量，而且也要提升综合知识储备，例如人工智能的操作和了解，而这些有助于财务会计工作者更好地掌握人工智能系统的运用，减少人工智能系统的实际操作问题。

一些比较核心的工作环节，例如操作、编程、数据库应用等技术依然需要人工的操作和运用，而这些环节如果没有足够的知识储备是无法正常运行的。所以未来的会计工作者想要顺应时代的发展，不被会计行业淘汰，就必须提升自己的综合能力，保证自己能够跟上时代发展的潮流。

（五）建立基于人工智能的财务信息化系统

人工智能时代，财务管理工作的转型离不开先进的信息技术和智能化技术的有效支持。只有充分应用先进技术，才能充分发挥财务管理工作的功能和作用。因此，企业在财务管理工作转型的过程中，应准确把握信息技术未来的发展趋势，把引入智能化技术，加大信息化建设作为加强和改善企业管理，促进财务管理转型的重大突破口，全面提高财务管理的智能化水平，确保信息技术能够真正服务于企业的财务管理工作，为财务管理的转型升级创造条件。

1.提高财务信息系统智能化

将图像识别、语音识别等人工智能技术应用到现有的财务信息系统中，用标准化的业务流程和高速运转的财务机器人，大大降低财务资料输入的难度。在财务系统中增加财务管理方面的功能。如在财务预算上充分利用人工智能技术进行及时的预警，根据往年的预算情况，结合当前的数据自动形成财务预算报告。在内部控制上利用人工智能技术进行发票校验、费用标准的核对等。在财务分析上，利用人工智能对当前财务报表数据结合一定的分析标准进行智能化分析，并形成财务分析报告。通过人工智能技术的应用，进而减轻财务人员的工作量，让财务人员从事更有价值的财务分析、风险管理、价值管理等工作。

2.实现各部门之间的信息共享

在信息化建设过程中，应重视各部门之间的信息共享，建立系统的集成，打通财务系统与各部门系统之间的壁垒，将企业各部门有机结合起来，提高财务部门与各部门信息的融合度，实现信息在企业内部的快速共享，从而提高信息处理的效率。

第三节　财务管理信息化建设

一、财务管理信息化的内涵与特点

（一）财务管理信息化的内涵

所谓财务管理信息化，指企业在开展财务管理工作的过程中将信息化技术融入工作流程中，通过这种方式来提升财务管理的质量和效率。在市场经济不断发展的背景下，企业要想快速提升自身的核心竞争力，在市场竞争中占据有利地位，就必须从自身的实际情况出发，引入一套先进的财务管理技术和方法，这样才能加快自身的转型升级。

财务管理信息化可以对财务数据进行深度的挖掘和分析，从而对财务资源进行优化配置，为企业开展经营活动提供可靠的数据保证，促进企业实现战略规划发展目标。但是，企业要想真正实现财务管理信息化还存在一定的难度，需要企业将财务管理思想和信息化理念融合到一起，并保证财务管理、建设等各个方面实现全面性和整体性的整合，畅通信息传输渠道，实现信息共享，通过对财务管理活动进行动态监测，从而获取更加及时、准确的数据，为企业决策提供真实、有效的数据保障，实现企业持续健康的发展。

（二）财务管理信息化的特点

1.协同性

财务管理是企业开展管理工作的有效手段，将信息化引入其中可以提升财务管理的协同性。此外，通过加强信息化建设可以帮助企业获取更加全面、准确的数据信息，高质量、高水平的信息化管理才能提升企业决策的准确性和针对性。

2.动态性

财务管理信息化可以充分发挥动态监测财务管理整个活动过程的作用，让企业在开展经营活动时能够及时获取财务数据，从而为企业决策提供保障，这从根本上来说，可以在发挥财务审核和监督功能的同时激发财务具有的管理作用，从而提升企业的整体工作效率。

3.实用性

信息化可以快速、及时地收集和整合各种信息，企业应用财务管理信息化系统可以保证财务管理人员实时监测财务信息，从而提升财务管理的质量，降低交易成本，并能利用系统的预警分析，有效管控企业资金，提升资金的利用率，促使企业整体运行效率的稳步提升，最终实现企业的创新发展。

二、实施财务管理信息化建设的意义

（一）实现对资源的整合

在完善的企业财务管理信息化管理体系的支持下，企业能够对现行体制进行进一步优化。具体表现在开展企业财务管理信息化建设工作时，充分联合组织人员以及管理人员的力量，并增设数据采集与处理部门，对资源进行充分整合，构建完善的企业财务管理框架，再以此为基础，为接下来的企业财务信息化建设奠定良好的基础。与此同时，在先进信息技术的帮助之下，进一步对企业财务管理信息系统进行升级，最终以科学的人员配置以及完善的管理、运营体系，为资源的充分整合提供坚实保障。

（二）提升财务管理质量

在企业运营过程中，财务信息精准度低是一直以来影响企业快速发展的重要原因之一，尤其是企业在制定决策的过程中，如果无法获取真实、可靠的财务信息，将无法掌握企业的资金运用情况和经营情况，从而造成资源浪费，对企业的长远发展带来不利影响。在信息化时代，各个企业都开始进行转型升级，而此时应用的财务管理模式已经不能满足企业的转型发展需求，甚至在一定程度上阻碍了企业的发展，在日益激烈的市场竞争环境下，如果企业依然采用落后的财务管理模式，势必会降低工作效率，造成资源浪费，无法对资金进行合理配置，企业难以得到发展的机会。而财务管理信息化在企业中的应用，在很大程度上降低了因人工操作造成的资金核算失误以及信息泄露等问题，提升了财务信息的安全性，降低了发生财务风险的概率。企业通过实施财务管理信息化，进一步提升了财务管理工作的效率和质量，并对工作流程进行了优化，同时还建立了完善的财务管理机制，大幅度提升了企业的管理效率和经济效益，为企业的持续发展增加了助力，进而有助于企业实现转型升级。进入新时代之后，企业的生存环境发生了变化，在面对日益复杂的社会环境时，企业必须对当前的经营模式进行整改，并转变落后的管理观念，与时俱进，促使自身尽快实现转型升级，努力探索新的发展路径，以便适应时代发展需求。企业进行财务管理信息化建设，最主要的目的就是在新经济环境下实现转型升级，这是促进企业发展的重要措施之一，也是企业进行现代化建设发展的重要体现。

（三）增强风险评估能力

依托信息化技术来实现企业财务管理系统的改革和创新发展目标，对于企业在日常经营活动中可能会面临的风险问题具有良好的预测和防范作用。财务管理信息化管理系统的建立，使得企业能够在合理的范围内开展对风险因素的敏感性分析，并对当前企业的经营管理水平做出合理的评估，明确企业的经营风险系数。通过系统科学的分析工作，获取对应的测试结果，依据结果展开研究，能够帮助企业有效预测潜在的风险问题,同时也可以对风险问题的危害程度进行等级评定,掌握其具体的发生概率,有助于企业及时做出应对或者调整。

此外,针对风险预测评估的数据结果,财务管理信息化管理系统也可以根据具体的结果来给出具有针对性的应对解决建议,为企业处理风险问题进行的决策制定提供重要的参考价值。

(四)促进经营目标实现

企业打造财务管理信息化管理系统,能够整合当前企业内部的各项资源,并且对下属的分公司及子公司等也可以实现统一监管。借助该系统,财务数据便可以自动更新,实现快速传递及部门共享,企业的资产管理工作水平也得到了提升的机会。财务管理信息化的建设,使得企业财务管理工作更加标准、规范,对于流程的管理也更为严格,有助于子公司管理效率的提升。分公司与母公司之间实现了财务信息的及时传递,财务信息的完善性、准确性及透明性得到了良好的保障,企业便可以根据及时有效的财务信息做出决策,准确把握企业的经营目标。

三、财务管理信息化建设面临的问题

(一)认知不够准确

企业财务管理信息化建设作为企业一项重要的改革措施,其需要在企业领导者、员工的正确理解和认知下,才能够为各项建设工作的有序开展提供支持。但是,根据目前各个企业实施的信息化建设情况来看,企业领导对于该项工作的认知还不够正确,只认为信息化建设就是购进计算机设备,或者是要求使用对应的财务软件。在这种情况下,与信息化建设相关的投入就会减少,信息化建设缺少对应的资金、设备等基础支持,最终无法获得预期的建设成果,起不到强化财务管理工作的积极作用。同时,企业中的财务人员和基层员工,对于该项工作的认知也不够正确,部分员工认为财务管理信息化建设与业务部门、生产部门之间的关系不大,是财务部门的工作范畴,进而无法为企业的一体化财务管理工作提供支持。尤其是业务部门员工,由于日常工作较为繁忙,很少关注与销售部相关的其他部门工作内容,无法对财务管理信息化建设工作给予支持,造成整体建设效果不佳。

(二)财务信息失真

财务管理信息化建设过程中,有充足、真实的财务信息给予支持,是非常重要的一个环节，这是财务管理工作的重要对象，也是信息化建设的重要组成部分。但是，目前很多企业由于在传统财务管理工作中存在漏洞，造成财务信息过于分散，并且严重失真，在实施信息化建设的过程中，无法为系统化财务管理工作提供数据信息的有力支持。不仅导致财务信息完整性、可靠性受到影响，出现一系列决策失误问题，而且也无法起到为信息化建设提供完整数据支持的积极作用，对于保证财务管理信息化的整体成效非常不利。在信息化实施的过程中，部分企业对于信息化一知半解，仅以为购买了信息化系统就可以，关键是信息化系统的执行和实施未能及时跟进，由此产生了一系列的问题，如原始数据录入失真，偏差较大；信息化在各个部门未能同步等。同时，一些企业由于信息化建设进程较为缓慢，在信息化建设中会将一些信息隐藏起来，造成决策层无法获得较为真实完整的财务信息，最终导致企业财务管理工作无法准确地开展。弱化了信息化建设成果实效性，同时也影响了财务管理信息化工作的认可度和信服度。

（三）缺少专业人才

人才是信息化建设工作得以持续进行并且发挥出应有效果的根本，也是最基础的一个准备环节，只有在专业人才、技术团队的支持下，财务管理信息化建设才能够获得应有的效果，真正起到辅助企业现代化发展的积极作用。但是，根据目前企业的人才构成情况来看，虽然不缺少专业的财务人员，但是在同时具备良好信息化素质、专业财务技能，以及沟通能力、团队协作能力、统筹规划能力等综合型人才方面，体现出了比较明显的缺失。这不仅造成企业开展的信息化建设工作，由于缺少人才的支持，无法真正发挥出信息化建设成果对于财务管理工作起到的实际作用，同时也在一定程度上影响了企业的信息化建设进程，在保证建设成果方面体现出了明显不足。

此外，虽然目前一些企业在信息化建设中积极培养人才，强化人才信息素质，但是从整体的建设成果来看，能够真正实现自我提升的人员非常少，财务人员大部分都缺少主观能动性，大大阻碍了信息化建设的进程，对于企业财务管理工作的现代化发展非常不利。

（四）企业风险管理意识不足

企业将信息化技术应用到财务管理工作中，使其朝着信息化方向发展是时代发展的必然趋势。但是，大部分企业对于信息化的优势还没有充分的认识和了解，也没有意识到其在财务管理中发挥的重要作用，只是单纯地认为信息化技术就是减轻了人工的工作量，使传统的财务核算工作更加简单化，丝毫没有意识到财务管理信息化还能够为企业制定经营决策提供保障，也没有意识到通过财务管理信息化可以帮助企业规避财务风险等。

随着市场经济的发展，企业要面临激烈的竞争，如果财务管理质量提升不上去、数据安全风险无法解决，将会严重阻碍企业的健康发展。但是，大部分企业仍然将工作重心放在把控成本和拓展业务等方面，并未对财务管理信息化建设加强重视，也没有加强风险管控，以至于企业财务风险时有发生，对企业经济效益的增长产生了不利影响，同时也影响了我国社会经济的稳步发展。

（五）企业信息化系统软件较为落后

企业想要真正落实完善的信息化建设工作，除了需要企业正确认知、准确财务信息给予支持以外，还需要新型软件的支持，这些软件是财务管理信息化的基础，也是关键部分。根据目前各个企业的建设情况来看，部分企业没有形成较为准确的软件引进和应用机制，软件在企业并没有发挥出真正的作用，虽然功能众多，但是企业应用依然停留在简单的记账、报表导出等方面。影响了财务管理信息化工作高效开展的同时，也与财务管理信息化建设目标不相符。同时，部分企业出现过分依赖高新软件或者技术的情况，盲目地引进全新研发或者是在国外受到广泛欢迎的软件。这些软件或者技术虽然是财务管理信息化工作的有效支持者，但是由于与企业的实际情况和要求不相符，一般无法真正起到加快企业财务管理信息化建设成效、提升企业财务管理信息化工作质量和效率的作用，对于更好地发挥出财务管理信息化的作用非常不利。

（六）企业财务系统存在较大安全隐患

在企业内部的财务管理信息化系统搭建完成后，在日常的运行当中也会受到来自企业内部及外部等多方面因素的影响和干扰。一些不法分子会通过互联网使用病毒及木马等入侵企业的财务管理信息系统，对其中的数据进行盗窃及篡改，还有可能窃取企业的商业机密，导致企业瘫痪、数据损坏，这对于企业经营造成的损失是巨大的。同时，也存在内部员工操作失误的可能性，使得相关权限的设置出现错误，或者失误删除了关键数据，以及引发信息泄漏等事件。

此外，也有可能是系统自身的漏洞问题，使得财务数据的准确性和安全性受到影响，给企业的管理层造成了不利的影响。互联网技术的不断发展，在带来了便利的同时也造成了一些安全隐患，企业不能过分依赖于财务信息系统，需要做好系统维护与安全事件的应对机制建立工作。

（七）财务管理与实际业务要求不匹配

当前社会环境日益复杂化，企业要想在复杂的社会背景中获得更好的发展机会，需要将财务管理与业务工作紧密结合到一起。但是，二者的融合发展如果依然采用传统的管理方式，将无法满足企业的发展需求，甚至会降低工作效率。基于此，各个企业开始引入信息化技术，以此来创新财务管理工作模式，使核算会计朝着管理会计的方向发展，这是提升财务管理水平的关键步骤。

但是，目前由于部分企业尚未建立完善的财务信息化系统，没有给财务和业务的有效衔接提供有力支撑，使得信息传输不畅通，难以实现信息共享，最终导致企业财务工作难以及时获取业务部门的相关数据信息，分析预测工作不能顺利开展。此外，在财务管理信息化过程中，企业并未对业务工作和财务工作流程进行有效的梳理，二者直接的交叉点未被掌握，导致当前的财务管理和实际业务要求不匹配，衔接不顺畅，影响了企业业财融合的实施。

（八）对财务管理信息化建设的重视程度不足

现在我国很多企业对信息化管理和管理机制不够重视，认为企业的发展与信息化建设关系不大，管理水平和财务之间互不相通，使得信息技术依旧没有在企业的财务管理模式中得到应用。企业财务管理信息化建设涉及企业发展的许多内容，并且具有一定的投资风险，完善企业财务管理信息化建设也要耗费大量的时间，这就使部分企业管理者对企业财务管理信息化建设缺乏重视，认为耗时耗力，又难见成效。即使是一些已经在进行财务管理信息化建设探索的企业，在财务管理信息化建设初期也存在诸多问题，且并未将其作为企业建设与运营的重点工作，导致各项工作内容没有贯彻落实，财务管理信息化建设流于形式，难以取得理想的建设效果。

（九）企业财务管理信息系统的管理制度存在缺陷性

财务管理信息化业务系统要想达到运行的最佳效果，管理工作十分重要。只有让整个财务管理系统处在动态监管和管理之中，才能切实保障好企业制定的各项目标的顺畅实现，才能实施好对各项财务指标的良性指导。但是，绝大部分企业财务管理信息系统只是为了减少会计超负荷的做账工作，并未制定和企业业务及实际情况相匹配的管理制度，也未形成科学有效的过程化管控机制，最终无法保证财务管理信息系统的系统性和稳定性，阻碍了财务管理信息化建设最佳效果的形成。

四、财务管理信息化建设的优化策略

（一）加强安全维护与数据分析能力

在开展企业财务管理信息化建设时，还需要注重信息系统运行的安全问题，加强运营维护，才能够确保企业财务管理信息系统安全稳定地运行。为提高安全维护效果，在企业财务管理信息化建设中应当对各个环节进行合理性测试，并建立相应的安全防护系统，并且做到定时、及时地对信息系统进行检查与维护，从而及时发现企业财务管理信息化建设中存在的问题，并运用合适的方式及时地解决、改进。企业内外网的分开运行是保证企业财务管理信息化建设安全性的重要举措，在开展财务管理信息化建设时，企业应当结合自身的实际情况确定财务管理工作在内网中的运用方式，并建立与先进的信息技术对应的内部控制管理制度，进一步降低外网对财务信息资源的影响，从而有效降低财务信息资源与各项重要财务数据泄露的风险。与此同时，财务管理人员也应当明确自身的职责与权限，尤其是一些重要的岗位，可以增设专业权限管理，将不相容职权进行分离，营造安全交互的财务管理信息化管理环境。

（二）构建完善的财务管理信息化体系

企业在进行财务管理信息化建设时需要以整体管理为基础，将财务管理信息化作为推动企业发展的核心力量，并将其落实到工作的方方面面。其中，最为主要的便是在企业内部控制中融入信息技术，通过先进的信息技术手段提升企业财务管理能力，从而进一步助推企业财务管理信息化建设。在制定财务管理信息化建设的发展规划时，首先便是要构建完善的信息化体系，确定各个阶段的工作任务，将管理制度的完善以及业务流程的梳理放在第一位。管理制度的完善不仅需要做到在理论方面满足企业各个发展阶段的财务管理需求，更需要在具体的工作实践中具有较强的可操作性，满足企业发展的实际需求，可以说管理制度的完善是优化企业财务管理信息化建设中最为基础的部分。

业务流程的梳理是企业财务管理信息化建设中的重点内容，不仅包括各项工作内容的梳理，而且还涵盖岗位职责的重新分配与工作人员的重新整合，是一项涵盖面较广、时间跨度较大的精细化管理工作。在企业的未来发展中，企业财务工作人员需要能够灵活运用信息化的手段来辅助工作，这就离不开线上系统的支持以及对财务管理环节的重新配置。

因此，在前期一定要做好周全的规划，以发展的眼光看待企业工作内容，才能尽量降低走弯路、错路的概率。对于一些具有悠久发展历史的规模企业，更需要借助完善的信息化管理体系以及财务管理工作的优化来提升企业的凝聚力，以更好地应对企业发展中遇见的各种难题。由于企业财务信息反映企业资源分布及运营情况，因此，财务管理要注重实务，尤其是在内部管理以及监管方面都需要仔细校核。

（三）培养专业化财务管理信息化人才

随着当前信息化改革进程的不断深入，企业在开展财务管理信息化建设的工作当中，对于专业化财务人员的需求越来越强烈。当前，高素质及对信息化技术掌握能力较强的综合型财务管理人才尤为匮乏，企业内部的财务人员，对于基本的财务处理方面是能够展现出专业的技能水平的，但是信息化财税管理属于新型的管理模式，大多数财务人员对其的掌握能力还有待提升，需要企业加强对于人才的培养。财务信息化管理系统搭建完成后，企业需要拟定负责信息系统实施的项目负责人，项目负责人必须具备专业的财务知识，还要能够掌握企业的整体运营情况和财务管理信息化软件各个模块使用方式。同时，要结合信息化管理的方式，开展相关的培训活动，在不断推进财务会计与管理会计融合发展的同时，也要使财务人员的整体业务能力和工作水平得到提升。此外，财务人员也要树立不断学习的职业态度，只有不断突破现有的能力水平，才能够实现适应企业的发展，提升财务信息处理分析能力的目标，为企业管理层的决策提供更具价值的参考。

（四）利用性能财务软件加快发展步伐

作为帮助企业开展有效财务管理工作的核心，财务信息化管理系统既是新时代下企业财务管理工作开展的载体，也是针对企业财务信息化管理需求的重要模块。借助于综合性较高的财务管理信息化系统，实现企业内部各项财务工作的串联并集中管理，有助于企业提升自身的经营管理水平。

信息系统包含着多种模块，如预决算管理模块、费用报销模块、资金管理模块及账务处理模块等，采购一套包含着所有财务管理功能模块的财务软件需要较高的费用。

对于经营规模较小一些的企业来说，一些财务管理的应用模块是企业日常经营管理中完全接触不到的，购入全套功能的财务管理信息化系统就显得得不偿失。因此，企业要根据自身的业务流程模式需求，以及开展财务信息化管理的具体需求，有选择性和针对性地采购具有不同模块的相关财务软件，只需要满足各个软件之间实现接口的开放性，满足各类财务信息数据对接处理的需求，便可以在企业的预算范围之内构建完善的适合自身发展的财务管理信息化系统，进而使得企业的综合竞争力得到提升，促进企业的发展速度不断加快。

（五）完善企业财务管理信息系统的管理制度

财务管理制度要"依企施策，一企一策"，切实做到符合企业当前发展的需求，要伴随企业发展的过程不断优化和调整。因此，完善财务管理信息系统的管理制度要切实为保持良好的财务指标服务，为企业当前阶段的整体发展服务。从相关财务指标作为起点，到实现财务指标为终点，切实根据真实情况施策，依据真实需求制定，解决痛点、完善难点。真正做到动态管理和静态管理相结合，真正保证财务管理信息系统的系统性和稳定性，真正实现财务管理信息化建设的最佳效果。

（六）借力信息化建立成本数据库实时生成报表

在当前的大数据时代，企业要想实现持续稳定发展，实现其会计管理职能的转变，就应紧紧地依托移动互联网、大数据等先进信息技术，通过构建一个会计信息资源共享服务平台，实现企业财务管理信息化。企业财务管理信息化建设离不开企业在资金和政策上的大力扶持。通过这种方式搭建一个开放型的会计信息共享服务平台，各个部门都可以共享企业会计数据信息，这不仅有效地节约了会计人员收集资料的时间，而且也使他们可以更为准确地分析和计算交易活动的成本与收入，在很大程度上提升了会计的工作效率。

此外，由于当前的大数据时代会计信息过于丰富，企业要求自身更加注重审计各种类型的会计报表与其他相关资料，为企业管理者提供更加真实可靠的会计资料。将内部审计和外部审计两种手段有效地结合在一起，不仅能够大幅度地降低虚假会计信息给投资者带来的风险，而且也能更好地降低无用的支出。由此可见，通过进一步完善企业财务管理信息化体系建设，提高了会计信息的质量，对最终实现我国企业财务会计向管理会计的转变，起到了至关重要的促进、推动和引导作用。企业应尽快建立和完善会计信息资源共享服务平台，提高企业的经济效益和信誉。

在大数据背景下，要想实现企业会计管理职能的转变，就要进一步加强企业对会计资料和数据的综合处理能力。长期以来，传统的企业财务人员一直承担着繁重的核算工作，无法开展财务预测分析和评估为企业提供具体指导。首先，会计人员应该加强对各项财务活动数据信息搜集与分析的能力，以便能够及时地获取企业各种业务活动的数据以及同行业相关的信息。经过数据分析和比对，可以大致掌握经济业务活动的全部内容。其次，还要挖掘会计业务所涉及的非结构化数据的潜在价值，进一步扩大数据收集范围，为会计职能的转型提供支持。

（七）立足未来需求合理规划财务管理信息化建设

有许多企业在建设初期，并未意识到财务管理信息化建设的重要性，并且缺乏长远规划，当遇到运营问题或者发展瓶颈时才临时抱佛脚，进行财务管理信息化建设，这就使财务管理信息化建设的效果不够理想。企业应当意识到财务管理信息化建设是一项耗时较长，且工作内容相对复杂的工作，只有运用科学的建设方式，立足于企业的未来需求进行合理规划，才能抓住企业发展的黄金时期，满足企业发展的迫切需求。

财务战略与企业发展战略是具有协同性的，在建设财务管理信息系统时，需要因地制宜，结合企业的发展战略进行综合考量，做到决策之前多研讨，建设完成之后多测试。在企业进行财务管理信息化建设时，要综合考虑企业未来发展规划、企业建设情况以及员工能力与素质等因素，进行相应调整之后再落实，做好长远发展打算。以财务管理信息系统的建设为例，目前，市场上的相关软件层出不穷、良莠不齐，在进行软件的选择与开发时，要确保工作队伍能够熟练运用，注重系统与财务管理的配套性，以保证财务管理信息系统运行的稳定性。总之，企业财务管理信息化建设是一项系统工程，有诸多需要注意的细节，需要采用精细化的建设管理模式，只有基于企业未来发展规划开展财务管理信息化建设，才能真正落实企业的发展需求，促进企业的繁荣发展。

第四节　区块链技术与财务审计

一、区块链技术概述

（一）区块链技术的概念

有关区块链的概念，在此介绍美国国家标准和技术研究院在 2018 年 10 月发布的重要文献《区块链技术概述》（NISTIR8202）中的版本："区块链是以无中心节点的分布式方式实现的、防篡改的数字化账本，并且通常情况无须如银行、企业或政府这样的权威机构提供担保。2008 年，区块链理念与其他信息技术和计算机概念相结合，产生了现代加密货币——通过加密机制而不是受中心节点或权威机构保护的电子现金，比特币是首个采用区块链技术的加密货币。"

全球最大的区块链行业组织数字商会在 2019 年发表了《区块链国家行动计划》，从技术应用的角度对区块链进行了定义，以期代表区块链行业与政府监管层沟通交流时能保持认识一致。"区块链是一种由计算机网络维护的、去中心化的在线记录保存系统（即账本），网络中这些计算机使用既有的加密技术来验证和记录交易。区块链也是一种数据结构，可以创建一致的数字化数据账本，并在独立各方的网络之间共享。区块链（分布式账本技术）可能会成为数字化转型的关键推动力，从而实现点对点交易，而无须中介机构或预先建立的信任机制介入。起初，区块链只是为了支撑数字货币贸易的发展。但如今，我们正不断探索把区块链技术运用到其他行业，包括金融、软件安全、物联网、零件跟踪（供应链）、固定资产保管、智能合同、身份验证等。区块链技术为企业、政府和消费者提供了巨大的可能性，具有巨大的创新和经济增长潜力。"这一白皮书在美国政府、业界与媒体中收获了良好反响，也为政府积极采用区块链技术铺平了道路，有越来越多的联邦政府部门向社会开标征集区块链解决方案。

（二）区块链技术的基本原理

区块链是一种链式数据结构，依照时间顺序将数据区块相连，并使用密码学原理保证数据不可篡改的分布式账本。基本数据单元是区块，主要包含两部分：区块头、区块主体。其中，父区块哈希值、默克尔树根、时间戳等信息共同构成了区块头；区块的主体一般包含一串交易的列表。每个区块中区块头保存的父区块哈希值确定了该区块的父区块，在区块之间构成了连接关系，并组成了区块链的基础数据结构。

（三）区块链技术的发展现状

目前，全球已步入新阶段，主要标志为数字化生产和服务，再加上区块链等最新一批技术的高速创新发展，各行各业正在悄悄地被这次技术革命所改写，数据作为新的生产要素正推动着经济的发展，成为影响世界竞争格局的重要力量。区块链技术正引领由"信息互联网"向"价值互联网"的技术变革。近年来，区块链技术备受关注，世界各国都积极制定与区块链相关的政策，蓄势待发地占领技术创新和产业创新的新高地。

2021 年 10 月，习近平总书记在中共中央政治局第三十四次集体学习会上强调，加速区块链技术创新，抓住数字经济趋势与规律，促进中国数字经济的健康发展。

凭借着特有的不可篡改、可溯源、安全可信等特点，区块链技术已掀起一场产业变革风暴，应用场景也逐渐由单一的金融领域扩充到所有领域，有望在将来重塑产业形态。目前，区块链作为一项诞生仅十余年的技术，政策和应用等标准尚未完善，监管措施的不到位导致市场上出现了假借区块链之名，以发行虚拟货币吸收资金为虚，实则进行非法集资的现象。为此，2017 年 9 月，中国央行等七个政府部门合作发出《有关防止代币发放投资经营风险的通告》，规定及时制止代币增发和投资行为，同时对于前期已进行投资的机构和个人要求即刻清退。

2018 年 8 月 24 日发布的《关于防范以"虚拟货币""区块链"名义进行风险集资的风险提示》中明确指出，国家将重点打击借区块链之名进行非法集资和诈骗的项目。工信部于 2021 年 5 月发布的《关于加快推动区块链技术应用和产业发展的指导意见》明确了在产业改革中区块链的关键角色，并把通过区块链赋能实体经济、改善社会公共服务、奠定行业基石、形成现代产业链、推动信息融通发展等方面作为重要任务。当前，基于其独特的技术特征，区块链在供应链管理中的应用价值已经初步彰显。未来，区块链即服务的理念不断发展，推动区块链行业的进步。

随着监管政策相继出台，区块链行业正逐渐趋于规范，表现出良好的发展态势。目前，政府部门、资本市场均对区块链技术高度重视。不仅是在金融服务领域，在社区管理、公益慈善、供应链管理、文化创新、医药保健等诸多领域，区块链技术都已崭露头角。

（四）区块链技术的特征

诞生仅十余年的区块链技术，其所运用到的 P2P（peer to peer）网络、共识算法、数字签名、智能合约却早已在各种应用中被普遍使用。区块链因其数据不能伪造、信息透明可追溯、去中心化的分布式架构特点，定能掀起新的技术风暴。

一个成熟的区块链通常具有以下四个特点，即透明可信任、防止篡改可追溯、隐私安全保护和系统高度可信。

1. 透明可信任

在去中心化的区块链系统中，每个节点都具有透明性，均可完整观察系统中各节点的行为并记录到本地账本，共识算法使各个节点间保持统一、透明公平，因此系统中的数据是透明可信的。

2. 防止篡改可追溯

"防篡改"和"可追溯"可以被拆开来理解。"防篡改"是指交易通过验证并记录上链后便难以修改。一是目前联盟链中采用的 PBFT（Practical Byzantine Fault Tolerance）类共识算法确保了交易一旦上链就难以篡改。二是区块链系统中以 POW（Proof of Work）作为共识算法的篡改难度很大，费用昂贵，若强制对该系统篡改，攻击者需控制全网超过 51% 的算力。另外，虽区块链网络认可了攻击者的计算结果，但该攻击过程已经被全网节点见证，节点也不会再信任该套系统，攻击者的行为也因此没有了意义，所以明智的个体不会展开攻击。"可追溯"是指区块链上的每一交易都会被完整记录供人们随时查询。"防篡改"特征，确保了交易一旦上链就难以被篡改。

3. 隐私安全保护

区块链中的私钥可以成为使用者的身份标志参加在区块链上的交易。区块链系统不会匹配私钥拥有者以及其所参加的交易，从而保障了区块链中用户的隐私。此外，通过零知识证明和动态加密等新兴技术对上链的数据信息进行加密后，不相关用户将无法从密文中读取到可用的信息。

4. 系统高度可信

区块链系统支持拜占庭容错，所有节点共同维护一个账本参与系统共识，保障系统在其中任一节点出故障时能够正常运转。

5. 分布式协作重构信任机制

区块链技术以对等方式将各参与方连接到一起，形成分布式的协作网络，网络中各节点不再依赖中心节点便可以实现信息间的交流共享与传播，降低了各参与方达成合作的难度。建立了不需中心组织机构的新型信任机制，利用分布式账本打破不同主体、不同平台与不同业务间由于信息不对称而形成的信息孤岛。各个对等节点既是信息的提供者也是接受者，有利于实现信息在大范围内的共享与共治。

二、财务审计存在的问题

随着企业环境和审计环境的不断改变，现代企业财务审计逐渐发展起来。目前，审计的职能不仅包括传统的监督，而且还包括评价职能，审计对象正在不断扩大和调整。另外，在传统的企业财务审计目标基础上再增加合理性等目标。企业财务审计在发展的同时也存在一些问题，具体如下。

（一）信息化水平不高

大数据技术是一个具有时代意义的新技术，数据管理逐渐成为企业的核心竞争力，直接影响企业的财务表现。企业内部拥有大量与财务相关的数据，但是很多企业对大数据和信息化缺乏深入而全面的认识理解，他们只是引进了一些信息化软件，并没有进行系统的信息化建设，没有充分利用信息化的大容量、高精度、高效率的计算能力，浪费了很多资源。

目前，很多企业的信息化水平并不能适应企业的发展要求，企业对大数据技术的重视程度不够，利用率较低；财务人员对信息化的认识也不足，部分财务人员不愿意跳出目前的舒适区去学习新的技术；部分管理人员没有充足的认识和长远的眼光，他们没有认识到现代社会大数据和信息化技术所带来的巨大发展潜力，以及在提高财务审计工作精确度和效率方面的积极作用，受困于信息化的建立和维护需要投入大量的人力和资金，而不愿意开展信息化建设，阻碍了改革发展的脚步。

（二）财务审计观念落后

观念是指导性的思想，时代在发展，观念要跟上。部分企业的财务审计观念落后，审计人员受到传统计划经济观念的影响，头脑中仍然保留着计划经济的财务审计流程和技术，企业没有重视思想观念的建设，在财务审计过程中，只重视形式上的实施，而没有全面深入地思考过程中的问题和对策。企业在财务审计工作方面没有足够的重视度，使部分财务审计人员未受专业的培训和学习，财务审计不能有效地体现企业的经营状况，更不能给企业的生产经营提供帮助。部分企业甚至认为财务审计没什么用途，对企业的发展和决策没有影响，不在意是否执行财务审计的相关工作；部分企业则将财务审计工作作为无法逃避的作业检查，从而做出一系列错误的行为，最严重的表现就是财政舞弊现象。

财务审计人员没有全面认识数据化水平。数字模式是财务分路与增值税发票的重要实施方式，数字化和数据化并不相同，数据化是数字化的重要进程。但是，部分审计人员没有充分认识了解这方面知识，将两者混为一谈，也不明白为何需要建设企业的数据库。部分企业决策者只是宏观上知道数据化，但不了解数据化的具体内容，导致在财务审计中应用比较少。

财务审计的创新发展能力较弱、对创新性缺乏足够认识。财务审计工作具有很长的历史，在发展过程中暴露出很多不足的地方，现代企业中的财务审计缺乏一种创新精神，没有将财务审计与时代的发展进步结合起来，也没有利用新兴技术去攻克难题。例如大数据技术，虽然审计部门意识到了大数据技术的必要性，但在实际业务中很多员工都存在瞻前顾后的工作态度，不能做到敢为人先、大胆创新，阻碍了审计部门的创新改革，财务审计工作不能随时随地开展，财务审计创新落后于大数据技术的发展。

（三）缺乏审计专业人才

在财务审计工作中，审计人员是整项工作的实质工作者，审计人员的能力直接影响整个审计工作的速度与结果。财务审计人员应具备充足的专业知识、工作能力和经验才可以胜任这项工作。在实际的审计工作中，存在着大量的审计人员不够专业的现状，同时具备财务会计、企业管理、信息技术等专业的人才很少，人员水平情况参差不齐，满足不了发展需求。部分审计人员思想高度和专业能力不足，在开展工作时，执业判断和风险意识较弱，综合能力较低，即使实施了审计程序，也无法发现审计问题，达不到审计目标。部分企业由于规模较小，人员较少，审计人员的本职工作并非财务审计，只是兼职审计工作，严重影响了企业财务审计工作的发展。甚至还有部分职业道德素质低下的审计人员，在工作中出现虚报财务信息、挪用公款等问题，致使财务数据的质量受到严重的破坏。

（四）审计体制尚未完善

目前，部分企业虽然已经开展了财务审计的工作业务，但是尚未建立起有效的工作机制，在进行财务审计时，无法达到预期目标。部分企业认为财务审计工作只是财务部门单方面的工作，和其他部门没有太多的关系。实际上，财务审计工作是一项全面系统的工作，与企业的所有部门都密切相关。完善的制度是有效开展工作的纲领，制度建设的缺失会给财务审计工作带来阻碍，无法实施正常的财务审计程序，影响审计证据的获得，致使审计无法发现问题，不能达到审计应有的效果。

在企业财务审计工作开展的实际过程中，要保证审计工作的有效性，就必须确保财务审计的独立性。为此，我国相关法律法规中已经明文规定了审计机关需要具有独立性。但在审计的过程中，审计人员有时会受到其他因素的干扰，比如上级领导、其他部门等，影响自己的想法判断，可能会影响其审计工作的正确性，不能保证财务审计工作的独立性。

三、区块链技术与财务审计之间的关系

（一）区块链、信任关系与交易成本

由信任主导的经济中包含市场经济，而市场经济中的信任关系可以缓解信息不对等或不对称带来的各种问题。一种具有高度信任关系的市场经济可以有效提高市场的交易效率，因此"信任"可以被作为市场主导者对市场交易效率的一种控制。从区块链技术的角度出发，信任能够被理解为区块链中的数据交易双方，交易双方通过彼此间完成某种特定的行为活动即可达到一种预期效果。该活动形式也可以被理解成会计审计对市场交易主体的未来经济走向判断。

（二）区块链、效率与交易成本

财务审计下的效率是指会计信息生成、使用和处理过程的效率。经管理学的计算统计研究表明，企业的内部组织结构会直接影响企业财务审计的运转效率，该效率主要包括企业内部的信息传递效率、运营效率以及投资效率。为确保会计信息能够具有真实的客观性，企业通常都会设计会计岗位的层级结构，一般情况下，层级结构以金字塔层级结构为主。在该种层级结构下会计审计目标能够更加明确各个岗位责任人的责任与义务，一旦审计业务出现某种问题时便可通过权责分配进行追溯，解决审计效率低下的问题。

从实际情况出发可以看出，实现该目的需要科学的权值分配技术，需要利用区块链技术的方式对技术、人力资源和财务资源进行合理分配。以现行的审计业务为基础可以得出，若不通过区块链技术对会计审计体系进行改造，那么在企业的未来发展中将会面临无限的审计工作和审计冗余，严重影响会计信息的工作效率。如果企业摒弃对财务审计的区块链改造，那么会导致企业在未来的资金流动中逐渐失去对财务审计效率的把控，造成一些低质量的审计报告或者详细的财务信息流入市场当中，误导投资者进行错误的投资，最终使得整个市场经济面临极大的金融风险，企业间的交易便会出现不规则、不合理的现象。

（三）区块链与财务审计效率

企业财务审计目标的区块链技术应用与工作效率间的关系主要体现在两个方面。

第一，因企业交易成本浮动所带来的直接或间接的效率提升。在该模式下区块链技术能够消减或直接消除财务审计业务中的交易成本，导致区块链体系下的财务审计工作将会得到进一步的优化。例如，以区块链技术为基础构建的电子发票便是财务审计的一个典型的例子。电子发票是一种依靠区块链技术中分布式算法而形成的消费与支付数据凭证，持有人可以通过电子发票的方式对资金进行全程追溯，同时电子发票还具有信息不可篡改的能力，可以有效避免发票信息在进行实时同步记录时出现的偷税漏税问题，节省企业财务审计验证电子发票真伪的时间。

第二，区块链技术在企业财务审计中的应用可以提升企业的财务信息管理效益。在应用区块链技术进行财务信息存储时，区块链存储系统可以将全节点数据进行保存，期间无须通过中心机构进行备述、记账以及时间戳打印，在数据的初步记录中便可实现对上述操作的自动设定。但是，从现阶段我国企业应用区块链技术进行财务审计工作中的现状可以发现，区块链财务神经系统仍存在两个缺点：① 企业下的财务业务必须严格按照金字塔层级的排序顺序进行；② 区块链技术并没有完全解决人工记账的主体问题，区块链技术只是将传统的手工账本转化成电子账，绝大部分财务工作仍需要以人工的方式进行处理。以企业的财务报销活动为例，现行的财务申报流程需经过填制报销单和填制会计凭证两个必要环节，在整个过程中区块链技术并没有实现报销的自动化操作。

在审计效率方面，财务审计部门通过区块链技术的应用可以极大地改善原有的审计效率。传统的人工审计方式受技术水平与资源投入的影响，导致审计工作只能通过审计流程和加强审计监管的方式降低审计风险。而当区块链技术应用到财务审计部门之后，特别是将共享机制、记账、时间戳以及全节点数据认证等功能完全落实之后，企业财务审计工作的质量与效率便得到大幅的提升。

提升具体表现在以下几点内容中：第一，通过区块链技术可以将任意节点下的交易数据进行记录。该方式不仅在数据存储上确保财务交易信息的安全，而且还使得交易数据能够在各个存储节点上进行相互验证，最大限度地保障写入数据的完整性与真实性。例如，审计工作中的函证业务，在传统的审计方式下，财务审计师通常需要函证与被审计单位的业务往来，此证实过程会花费大量的时间与精力，并且证实结果不会在短时间内得出，而区块链技术的应用即可保障所有记录数据的真实性，财务审计中可以省略对业务往来的证实。第二，企业财务记账的所有规则完全会按照区块链存储系统的底层协议进行。通过与 AI 技术相结合的方式，改变传统的财务审计流程，从而实现基于区块链技术财务审计的自动全样本审计。第三，将区块链技术应用到企业的财务审计工作中能够帮助审计师以多线程的方式高效处理市场经济，促进单一数据处理向多元化方向的转变。

四、区块链在财务审计信息化建设的应用

（一）区块链应用于财务审计信息化的优点

区块链能够实现海量数据的自主录入、广播，同时区块链技术会自动对录入更改的数据进行实时验证，具有加盖时间戳的信息，避免中心化记账的集权性，进行其采取分布式的账本更有利于增加参与度、信息相互验证度、减少信息不对称，使信息更加可靠、真实、及时，信息的采集、整合、分析、跟踪都将更加高效；同时，区块链有可编程性，能够根据审计目标的不同进行灵活的设计算法，以高效、多变的方式满足审计工作对数据的需求。具体体现为以下几点。

1. 业财数据更好地融合

对于财务审计而言，信息范围包括业务信息和财务信息、本单位信息和外单位信息、即时信息和历史信息。在区块链技术的支持下，单位内部可以通过建立内部私有区块链，要求各个部门信息（如有关业务规章文件）关联，进而实现各个部门的信息共享和监督；单位外部可以按信息节点的可公开程度分类，建立联合链或者加入公有链，可以提升数据传递和对比的效率、提高检查的效果。

2. 数据真实性的保障

由于现在的财务审计方式是采取现场查阅资料、业务询问、登陆现有信息系统的方式进行检查，相关数据掌握在被检查单位人员手中，易发生篡改、删除、伪造等情况，在表面手续合规的情况下，此类违规行为不易被发现，容易滋生违规人员的侥幸心理，影响审计的成效和震慑力。区块链技术包含一定时间内产生数据的记录，具有可追溯性，同时其又去中心化，不依赖于审计中涉及任何参与方，有效防止相关数据被篡改，影响审计结果。在审计作业时，审计人员可以向其他节点广播信息，实现连续的监测和分析，并且是永久保存，可以为数据的真实性、可靠性提供保障，能为财务审计工作提供有力的数据支撑（包括：即时数据、历史数据），有利于减少舞弊现象、消除侥幸违规心理。

3. 数据获取的时效性

在缺乏技术手段支持的情况下，财务审计在执行时呈现出耗时耗力的局面，一般都是在年度内某一个时间段采取查阅资料的方式对相关单位进行抽检，无法实现随时审计、随时获取信息、实时跟踪反馈的效果。在区块链技术的支持下，所有的数据都可以在第一时间进行共同验证，数据都要实时更新，再配合运用编

程手段，设置警示参数或者项目定时抽查参数，将审计工作从事后审计前移至事中审计，甚至可以根据历史信息进行分析判断，实现事前干预。

4. 数据分析的灵活性

财务审计工作既涉及常规项目，又涉及特定时期的特定项目。区块链技术存储的数据是连贯的、实时的，可以运用编程功能，在权限范围内，进行多样数据的加工和分析，既能完成常规项目，又能满足个性化需求。

（二）区块链应用于财务审计信息化的模式

1. 数据收集层

一是多项区块链结合建立，设置访问权限，收集各项数据。首先，确认所需公有链节点，例如，区域公司与外部单位（包括企业、银行、政府、税务部门等）发生的日常经济活动往来等；其次，确认联合链节点，例如，其他区域公司、企事业单位之间的往来业务；再次，确认私有链节点，例如，本区域公司内部各部门之间的不具有对外公开性的信息，并对不同的节点进行用户权限授权。

二是进行业务广播，收集数据真实性。为增强数据的真实性、验证性、透明性，可在公有链上、联合链上进行广播。例如，在进行往来业务清算时，A 单位广播款项已支付、B 单位广播款项已收到、C 银行广播已按要求转账，多者相互印证，确保了数据的真实性。可以用于防范假收、假支行为，用于审计工资发放是否及时、准确，是否存在私占他人收入的情况；审计租金私存、虚列费用等导致违纪违规行为；凭证单据是否真实有效等。

2. 数据处理层

（1）设置分析参数

将各种内控制度要求、安全防范规则、风险卡控点等要求进行参数编译，形成链条信息审计规则体系。

（2）梳理信息

从各类区块链条上的海量数据中进行筛选、加工、对比，根据不同链条中获取的数据进行逻辑对比交叉，寻找存在的异常点、逻辑冲突点，获取数据的分布特征、呈现变动规律，识别数据联动规则、发现数据关联性等，有助于审计人员根据数据进行人工分析判断。

3. 结果呈现、追踪层

一是根据每次审计项目形成的固定格式或者非固定格式的审计结果，详细地列举每个问题的时间、关联单位或者个人、相关证据、展现正确规范结果，给出结论，并进行分门别类档案归集，形成审计档案中心。

二是可以根据审计结果，在区块链上进行整改督查分析，追踪整改效果，信用追溯和监督。例如，从公有链或者联合链数据整理分析后查证的小金库行为，可以在私有链进行公告督办，相关部门可以查阅督办事项，涉及责令清退款项的，则可以从后期公有链中的资金流动信息进行印证和确认结果。

第五节　网络环境下的财务管理

一、加强网络环境下财务管理的重要性

（一）有利于企业推行动态管理

从企业财务管理工作的开展情况来看，实施动态管理的模式不仅能够确保财务数据的全面性和实时性，同时也能够快速掌握企业财务运营的状况，及时捕捉相应的风险，提高自身工作的效率与质量。传统的财务管理主要依托静态的财务数据，而互联网时代的到来，财务管理信息化得以实现，管理部门可以在一体化信息平台上通过实时数据的获取与分析，通过动态的数据实现动态的管理，将财务管理的事后化向全过程化转型，为企业决策者提供精准有效的财务数据支持。

（二）有利于提升财务工作效率及质量

在企业的财务管理中，充分利用好网络信息化技术，可以极大地提升企业财务管理工作的效率，同时保障企业财务管理工作的质量，达到对财务与业务进行协同管理的目标。以北京市某中小白酒制造厂为例，其通过网络技术明显提升了财务管理工作的效率及质量。

首先，网络化技术可以使该厂的各项数据更加准确。该厂通过使用ERP系统，进行整个业务流程的记录，具体包括到每一笔购销订单，并由专人对记录的数据进行审核，确保数据的准确性。

其次，通过ERP系统自带的核算功能，可以自行将各类业务进行汇总登记，如增值税汇总、主营业务收入汇总等，最终形成财务报告，与以往的人工相比，极大地提高了财务管理工作的效率。

最后，对于生成的财务报告和各项数据，ERP系统也能对所有数据进行核对，确保各个数据之间不会产生差错，提升了财务管理工作的质量。正是通过对网络信息化技术的运用，该白酒制造厂在财务管理上的工作效能得到极大的提升，进而促进了企业的整体效益。

（三）有利于提升对企业评估的准确性

财务管理工作的目标之一就是通过财务报告对企业进行准确的评估，进而做出正确的决策。通过网络信息化技术，财务人员可以把当前企业的实际运营情况（如盈利情况、融资情况等）用具体数据呈现出来，还可以进一步对这些数据进行整合并分析。通过这种方法，企业管理人员就可结合当前市场环境及企业的运营数据，对企业的发展潜力和经营方向进行准确评估。

另外，网络信息化技术可以帮助企业财务管理不再受以往空间和时间上的限制，充分实现数据共享。在此基础上，财务管理人员可以使用金蝶等软件模拟企业的实际经营，以企业真实数据及市场环境探求企业最佳的经营方案。而企业领导人便可根据企业评估数据及模拟的最佳经营方案等信息，结合实际情况，及时做出各种决策，将企业的经营风险降到最低。由此看来，网络信息化技术能够使财务管理工作变得更简单且应用面更加广泛，能有效帮助企业进行正确的经营决策。

（四）有利于创新企业的财务管理

在整个网络环境下实施财务管理模式的创新，不仅适应了互联网时代发展的要求，同时也能够借助网络技术提高财务管理的质量与效率，为财务管理的跨部门工作提供了有效的平台与路径支持，同时也能够为财务管理者的数据获取与分析提供大数据等新兴技术的保障，为财务管理工作的开展提供灵活的资源配置方式，进一步促进了企业财务管理工作的创新开展。

（五）有利于促进企业的整体运行

财务管理工作作为整个企业运行发展过程中的重要构成，通过借助互联网科技进行模式的创新探索，能够对企业整体管理的要素进行优化，发挥要素资源的整体带动性，促进企业整体管理能力的提升。同时，财务管理工作本身就涉及企业整体管理的多个领域，并与其他管理模块的开展有着重合性，这也进一步体现出了财务管理模式创新优化对企业整体发展的重要性。

二、网络环境下财务管理的新特点

（一）财务功能全面化

将网络技术引入到财务管理中，企业财务管理人员和企业高层能够随时对企业进行财务数据处理、报表查询或进行企业的审计工作，这有效提高了企业财务的运行效率，有利于加强企业的动态财务监控。在传统的财务管理中，企业要在财务部门整理好企业经营数据和市场动态信息之后，管理人员才能通过分析数据做出调整决定。但是，在网络环境下的财务管理中，由于计算机技术能够将共享数据及时进行整理和预算，因此企业能够基于动态的财务信息，在最短的时间内在做出反应，进行企业财务和经营活动的调整。由此可以看出，现代财务功能不仅包括财务信息的录入、整理、审核和报表，而且还能提供信息分析和预测、财务资源共享等，网络技术使得财务功能更加全面。

（二）财务管理系统化

财务管理作为重要组成部门之一，将企业财务信息提供给企业管理层，作为企业发展的重要数据依据。利用计算机信息技术，财务部门能够对企业的资金状况、经营情况进行集中式管理。企业记账、购销、支付、报税等财务管理内容可以直接通过互联网完成，这样能够降低企业管理成本，提高企业的运行效率，同时还能对企业所有资源进行宏观把握，有利于管理者进行系统性决策，提高决策的科学性。

网络技术的应用使财务管理系可以将企业内的各个部门紧密联系在一起，有利于实现企业资源的优化配置。财务管理的系统化使管理者能够通过网络及时、全面地把握企业状况、调整企业经营政策、完成财务管理工作，不断优化企业管理，顺应时代发展潮流，增强企业实力。

（三）硬件设施的更新

当今，财务管理工作所需要的相关软件逐渐被开发以及应用到实际工作中去，企业可以依据相关软件开展工作，但随着时代的进步，对软硬件有了更高的要求。由于软件会随着技术的发展而不断更新，而老旧落后的硬件设备无法带动并运行最新的财务软件，所以企业要对内部硬件设备进行更新。然而，由于硬件设备的成本高昂，对于企业来说，无疑是一笔不小的开支。

因此，企业一定要及时完善企业内部的硬件设备，使其可以满足网络环境下财务软件的运行要求，从而有效提升相关人员的工作效率，提升财务管理的水平，提高相关企业的收益。

（四）企业法律意识的增强

由于网络的广泛应用，各行各业都开始接触和应用互联网，其中存储了大量的企业及个人信息，这为互联网中的违法行为创造了有利条件，许多犯罪分子就会通过互联网的渠道入侵企业内部的管理系统中，盗取企业内部的私密信息。我国是法治国家，对这种非法盗窃分子应进行严厉处罚，以保护网络环境的安全。但是，企业还是要严加防范，增强自身的法律意识，在实际工作过程中要将规避网络不安全事件的风险问题加入工作环节的一部分，在保证自身不违法的基础上加强企业信息安全的防范与保护，避免信息泄露的危险问题发生。

（五）网络专业人才需求增加

在网络技术出现之前，大多数企业的工作过程中都是运用人力计算，这样的工作模式不仅处理速度非常慢，且由于工作任务多，人工难免出现由于注意力分散等原因而导致的失误，继而影响了相关人员的工作效率。虽然网络技术可以大大提高工作效率，但当互联网技术得到大范围的应用后，逐步应用到了企业中的实际工作中，然而，由于许多员工对网络环境下财务工作需要的相关软件并不熟悉，无法快速应用到工作中去，所以并不能很好地利用网络所带来的优势，反而减缓了原本的工作效率。因此，在企业对人员的管理中，要加大相关人员对网络技术的了解，对老员工开展定期培训的同时招收更多高质量的人才，从而能够提高工作效率。

三、网络环境下财务管理的优化策略

（一）健全财务管理体系与模式

网络与各行各业的融合是时代发展的必然，但是融合的过程本身也是市场优胜劣汰的一场博弈，这就在一定程度上冲击了多数行业的发展。企业本身在市场竞争中存在着短板，作为企业的核心内容，如果财务管理模式落后于时代的发展，势必会影响企业整体的探索，导致企业发展和竞争能力的提升受到限制。因此，各个企业财务管理部门要能够充分吸收网络环境的优势，促进自身财务管理体系与模式的创新，确保财务管理精细化、信息化和全面化运行。

首先，各个企业财务管理要能够搭建全面财务管理的体系，依托企业内部控制制度、信息化平台，将自身的业务功能覆盖到公司运行的各个领域中，打破"财务管理不出门"的弊端，对企业发展过程中的各项财务问题进行监控，发挥出资金使用效率最大化、风险控制最大化和成本控制最优化的效果。

其次，网络环境下，企业的财务管理不仅要做好内部财务管理，同时也要依托管理会计实施市场信息的收集，为企业决策提供更为全面的信息支持。因此，各个企业财务部门要能够结合网络科技对自身的管理模式进行创新调整，提升自身管理运营的科学性。例如，财务管理部门可以依托网络科技开拓自身的多样化财务管理功能，推动生产、经营的数据化财务管理实现，依托大数据、人工智能技术，对相应数据进行实时收集与分析，拓宽财务管理的发展空间。

（二）科学定位企业财务管理战略

网络的出现彻底改变了企业的财务管理模式，也进一步强化了内部人员的沟通交流，企业财务管理工作是各个部门工作开展的重要桥梁，也与企业的生产经营活动息息相关。创新财务管理模式能让企业内部的财务工作变得更加高效，因此企业要对自身进行重新定位，要找到全新的发展思路以及发展目标，提升财务管理工作的可靠性。企业要借助网络时代的优势，利用软件对财务工作进行优化，提升企业的核心竞争力。

（三）选择有针对性的财务管理软件

企业一定要结合自身的实际需求，选择与财务管理模式匹配的软件，根据企业内部的预算选择合适的财务管理软件，这样才能满足企业财务管理工作在收集数据、分析数据以及预算控制等方面的需求，使会计流程得到进一步优化，在提升可用资源的基础上做出科学的预算，改变传统人工分析数据的模式。利用信息化手段使企业各个部门的数据都能得到流通。企业在选择财务管理人员时也要尽可能地考察其财务管理综合知识。

（四）重视人才汲取及安全管理措施

1.组建专业人才队伍

财务管理工作的成败最终是由每一位财务人员决定的，网络信息化在企业财务管理上的长远发展，离不开专业的财务技术人才。因此，企业必须加强信息化财务人才队伍的构建，尤其是企业管理层要给予高度重视。

一方面，对于企业内部的财务工作人员，要定期进行培训活动，请专门的学者、专家或企业骨干进行财务网络信息化技术的讲解与分享，以提升财务人员运用信息化技术办公的能力。在培训时，为保证效果，要严格进行考核，以理论知识与实际操作为主，对于考核不过的人员进行二次培训，切实保障培训效果。

另一方面，也要注意加强对外部财务信息化技术人才的招聘吸引，对于高质量的财务人才，要提高其待遇水平，比如在高工资的基础上，给予一定的生活补贴，以留住更多的高技术人才。同时，还可以与当地高校、财务信息化协会等部门进行交流合作。例如，企业可为高校提供人才实践技能培训以及实习的基地，而高校将财务技术人才以及新兴技术输入至企业，实现互利共赢，以此打造一支专业的财务信息化技术人才队伍，提高企业财务人才质量。

2. 加强网络财务信息安全管理

网络技术的运用给财务管理工作带来了极大的便捷，可同时面临着巨大的财务信息风险，例如信息被篡改、信息被泄露等，所以必须实施有效的安全管理。

首先，财务人员要自觉保持始终维护财务信息安全的意识，在整个财务管理活动中，加强警惕，对于各项数据的统计录入工作必须仔细。

其次，企业必须针对各项业务的不同，对财务人员进行合理分配，同时利用网络明确各财务人员的权限，并注意回避制度，例如，直系亲属不能同时担任企业出纳和会计，避免企业内部因利益而对数据造假。

再次，要加强对财务数据的审核监督工作，对于提交上来的数据，由专人进行审核，特别重要的数据可设置多人进行审核，保障数据的真实性，防止数据出现差错。

最后，要加强网络安全防范技术的利用。可通过网络建立数据库来实现财务档案的管理工作，既能减少档案管理人员的工作压力，还可以有效避免档案损坏或者丢失。同时，利用防火墙、身份验证等防范技术对财务系统和数据库的财务数据进行加密，以此规避网络病毒，避免不法分子进入企业财务系统盗取数据。

（五）构建系统的财务信息管控平台

目前，企业虽然现有资源及资金投放空间有限，但是在财务信息管控平台的构建方面也需要关注起来，以此构建更具系统性的财务信息管控平台，为企业财务管理工作质量的提升带来帮助。但是，为了进一步提升现有财务工作效率，还应该充分做好招标平台构建工作。

在企业内部建立更为系统的财务信息控制平台，以此提升财务效率，发挥助推作用。此过程中，也可有效补充和改善传统财务管理工作中存在的弊端，促使财务信息平台单纯在功能上，配设更多的功能窗口。期间，可在平台上设置财务数据信息评价、人员信息交流、数据信息共享以及企业内部财务审计报告等窗口，以此促进财务管理质量及效率的进一步增长。如平台上所设置的信息共享窗口，其在功能上可以为企业财务管理中各项信息数据的共享以及实时传递创造条件，从而简化财务管理工作人员的工作量，提升工作效率。此外，管理平台上信息评价窗口的设立，也可为企业内部各部门间的财务工作质量进行更具系统的评价和监督，促使各岗位均可快速、高效地完成多项财务处理工作，最终实现财务管理工作质量及水平不断升级的目标，实现企业未来长远的健康发展目标。

（六）针对企业现有价值链进行全面整合

自网络的不断发展和开放性特征的不断延展，使企业的经营目标不再单纯集中在内部价值链提升方面，而是以此为基础，深入挖掘其外部价值以及未来发展潜力，不仅可以促进企业财务管理的范围扩大，对于其外部资源构成质量提升也可起到显著的促进作用。重点来讲，应该全面完成以下工作内容。

① 企业在进行内部价值链的全面整合时，需要全面做好各部门相互之间的联动合作管理，引导各部门相互之间的财务流动管理工作融洽度更高，提升企业价值链的发展效率。

② 企业在进行现有价值链的整合时，还应该充分地将传统的单向模式流动价值链结构进行完善和补充，进而以此构建更具复杂性的环状价值链结构，实现企业内多个部门之间的有效沟通，为企业未来发展的综合性价值体系评估工作的品质及质量的提升奠定基础。

（七）程序化与非程序化管理的有机结合

通常来说，企业财务管理的模式有两种：一是程序化管理；二是非程序化管理。程序化管理是指针对那些有着重复性、规律性且相互关联的财务活动进行的管理。当对这类财务活动进行管理时，财务人员能够根据自身工作经验及时对出现的财务问题进行判断，并借鉴以往的处理经验制定有效措施去解决问题。非程序化管理是与非程序化管理模式相对应的，简单来讲，就是当企业出现问题时，管理人员根据当前企业的财务状况，结合外部市场环境，判断企业的发展方向并制定相应的方案，接着再处理那些具有规律性的财务问题。而对于那些不具备规律性的财务问题，财务人员便可运用网络信息化技术，借鉴其他企业的有效解决方法，形成企业自身的解决方案，从而提升财务工作的效率，并从根本上保证财务管理工作的质量。

（八）积极引进高质量财务信息安全防范技术

虽然企业在财务管理工作完善方面所投用的资源无法匹及大型企业，但是在进行财务管理时，对于财务档案相关信息安全的管理工作也不容忽视。为此，想要进一步提升安全性，就必须随之构建更加系统的财务信息安全存储数据库，以此提升财务档案管理工作的效率，使互联网的工作优势可以顺利融入财务管理的管控过程中，使财务数据的管理压力及工作量缩减，且也可高度避免财务档案出现丢失或是被盗的概率。

此外，企业在进行信息数据库的搭建时，必须主动且积极地引进行业内先进的安全管理技术，以此为数据库的运行安全提供技术保障，预防档案管理遭受病毒入侵，并预防不稳定因素存在影响财务数据管控的安全性，例如全面启动财务档案访问控制技术以及身份识别技术等。

第六章　现代财务管理数字化转型

新发展阶段，企业推进财务管理数字化、科学化，显著提升财务管理和资本运作效率，有效防范资金链断裂风险，既势在必行，又迫在眉睫。本章分为财务管理数字化转型的必然趋势、财务管理数字化转型的现状分析、财务管理数字化转型的路径三部分。主要包括财务管理数字化转型的内外动因、财务管理数字化转型的趋势分析、财务管理数字化转型下的危与机、财务管理数字化转型存在的问题等内容。

第一节　财务管理数字化转型的必然趋势

一、财务管理数字化转型的内外动因

（一）外部驱动

1. 与数字经济时代接轨的需要

近年来，国家大力发展数字经济，促进数字经济与实体经济的深度融合发展，数字经济规模由 2005 年的 2.6 万亿元扩张到 2020 年的 39.2 万亿元，数字经济已经成为当前最具活力、最具创新力、辐射最广泛的经济形态。在 2021 年 4 月财政部发布的《会计改革与发展"十四五"规划纲要（征求意见稿）》中提出"要切实加快会计审计数字化转型发展步伐，为会计事业发展提供新引擎、构筑新优势"。因此，企业财务管理实施数字化转型成为与数字经济时代接轨、适应数字经济时代发展的必然趋势，财务管理数字转型成为当前企业财务必须面对的现实问题。

2. 满足上级主管单位数字监管及治理的需要

当前，现代信息技术赋能国家治理现代化，信息化和智能化为治理思维的转变提供了重要条件，为治理方式的转变提供了可行路径，国家积极拓展数字化治

理方向的领域，例如税务部门推出的电子发票和电子税票，人民银行试点数字货币，财政部、国家档案局联合规范电子会计凭证的报销入账归档、居民个人信息数字化管理等，一系列的数字化技术和手段在实体经济中的应用，进一步推动了企业财务管理的数字化转型。

（二）内部发展需要

1. 提升企业管理效率的需要

数字经济时代下，信息技术飞速发展，数字化技术产业逐渐成熟，为企业信息化建设提供了强有力的技术支撑。当前，部分企业通过运用信息化技术带来了财务管理效率的提升，例如企业通过实施银企直联技术，减少资金管理多节点切换带来的时间消耗，同时减少人工操作产生的不稳定失误，提升资金管理效率；企业可以通过财务 RPA 实施自动对账和自动生成财务报表，减少人工操作带来的错漏，优化流程，提升管理效率。信息技术的发展推动了企业财务管理对数字化技术的应用，进一步推动企业财务管理数字标准化的建立，优化企业业务流程，提高业财融合的程度，提升企业财务管理信息质量，因此企业实施财务管理数字化转型是企业提升财务管理工作效率的需要。

2. 挖掘企业增长价值的需要

当前，随着信息技术的飞速发展，企业面临的内外部环境瞬息万变，企业需要创造价值，就需要快速对内外部各种变化做出精准而有效的决策，进而需要实时、精准、动态的数据信息支撑。而通过实施财务管理数字化转型，进一步拓展和挖掘数据采集和数据治理技术，规范数据标准和定义数据维度，搭建开放的管理会计体系可以为企业提供实时、动态的数据分析，来满足企业多维、动态的现实管理需求，助力企业战略决策，推动企业价值增值。

3. 降低企业运营成本的需要

企业实施财务管理数字化转型，能通过采集和整理企业各项业务基础数据，梳理数据加工的流程、优化数据处理模式，建立自动化和智能化的业务数字化处理模式，通过批量数据处理实现规模经济，运用信息系统加大对非工作时间的利用，减少了人工重复基础性工作带来的资源低效投入，并因此降低重复劳动人员的劳动要素购买成本和人员管理成本，降低运营成本。同时，通过实施财务管理数字化转型，实现了业务的线上办理，改变了部分业务必须达到指定地点与场景才能实现的传统模式，减少了企业在差旅、服务采购等方面的支出。

二、财务管理数字化转型的趋势

（一）促进由财务会计向管理会计转型

在"互联网＋"共享经济背景下，现代企业面临着空前激烈的竞争环境，如何更好地服务于客户、激发员工的潜能、降低全流程运营成本，成为财务管理工作的重点内容与方向。数字是一种所有人都能读懂的语言，通过数字化系统进行数据、信息的采集存储、分析挖掘，有利于提升财务管理工作效率，同时从传统的账务核算中解脱出来，通过数字化的共享平台，让全员都能获取数据、读懂数据、使用数据。利用云技术、大数据等手段，实现各类数据的采集、分析，为管理会计的应用提供良好的支撑。

（二）提升数据分析与挖掘质量

深度挖掘数据背后的价值，服务于企业内部的各职能部门，尤其是服务于企业的管理决策，促进财务管理工作的精细化。数字化转型可以提高分析的广度和深度，有效改变企业模块分析的现状，把各部门的数据在一个平台上进行分析，决策更加积极有效，为智能决策的发展创造良好的条件。

（三）优化企业内控环境

在改革开放的背景下，我国经济迅速发展，市场竞争也呈现日益加剧的态势。对现代企业而言，财务管理工作是一项重要内容，甚至决定着企业的战略愿景能否实现。在数字经济迅速发展的背景下，越来越多的行业引入数字化、智能化理念，旨在借助数字化技术提升管理效率，创造更大的经济价值。财务管理工作的数字化转型，实质是追求管理效率的提升，将数字化思维模式融入财务管理中，促进财务管理工作的精细化，通过信息数据共享，调动全员性参与到财务管理工作中。

（四）加强企业财务内部控制

内部控制的开展是降低企业财务风险发生概率的主要措施之一，而在部分企业中对于内部控制的重视度不足，未及时针对企业运营情况、发展战略及经济形势来进行科学调整，且财务数字化的水平较低，使内部控制的执行逐渐无法适应现今市场经济环境及企业运营发展要求。而财务管理数字化转型能够对企业财务内控体系进行完善，在大数据支持下所建立起的财务数字化体系能够对财务信息进行精准、全面、快速地获取，从而协同企业管理，针对企业的经营、投资、决策等进行全面的控制，在建立良好内部环境的同时做好财务风险的识别及判断，以此来对企业运营中的不确定性因素进行有效的处理。数字作为财务信息最为直观地反映，能够保证在企业运营中加强对企业财务的监督控制，从而有效地提高财务工作的严谨性和科学性，减少引发财务风险的内部因素，使企业能够实现良好的发展。

第二节　财务管理数字化转型的现状

一、财务管理数字化转型下的危与机

（一）财务管理数字化转型面临的挑战

尽管财务管理数字化转型为企业带来了重大机遇，但在战略规划、数据治理、系统建设、队伍素质等方面仍面临极大挑战。

1. 战略规划与转型期望不匹配的矛盾

财务管理数字化转型是一项长期工程，投资大，见效慢。虽然目前企业对财务管理数字化转型的积极性高，但由于缺乏整体规划及实施路径考虑，对未来财务管理数字化转型如何落地把握不清晰，对当前数字化建设程度掌握不充分。多数企业在规划财务管理数字化转型时，未充分考虑自身的现实情况，因地制宜制定企业转型战略，而仅仅是效仿和追随现有战略。部分管理者甚至认为财务管理数字化转型仅仅是财务和信息部门的重点工作，其缺乏全局性、整体性部署，自上而下重视程度不足。

2. 数据治理与数据可用性的矛盾

早期各部门分散的系统建设模式会导致大量数据重复冗余，并且各部门内部需求差异，原始数据标准不一，分散化、碎片化现象较为严重。同时，各系统相对独立，数据链尚未打通，企业内部尚未形成有效的数据流动和共享机制，信息交互不及时完整，难以实现实时共享和控制。尤其是数据需求部门若选择数据中转库传递数据，则有可能出现数据因标准格式限制，传递速度慢、效率低、数据输出和输入过程中产生大量冗余数据。企业面临大量、琐碎的复杂数据时，缺乏有效的财务管理系统对其进行整合、处理及分析，造成现有数据资源的浪费，无法有效支撑企业战略决策。

3.新旧系统、跨部门系统难以整合的矛盾

一方面，原有信息系统搭建初期，缺乏统筹性、长远性及整体性规划。随着管理需求的不断提升，新功能采取"补丁式"嵌入，旧系统持续"烟囱式"搭建，造成财务数据冗余。随着5G、人工智能、移动互联等迭代更新，使原有系统硬件设施无法与新技术搭建环境衔接适应。

另一方面，各部门从自身需求视角搭建系统，与原本可以共享、复用一套系统的初衷背道而驰，影响数字化转型的总体布局。财务部门与业务部门之间因利益分割，跨部门的组织、分工、协调面临阻碍，跨部间系统链路尚未完全打通，存在严重壁垒，系统联动困难。

4.队伍素质与高速转型需求不同步的矛盾

转型的主要障碍来自实务和操作方面的挑战，尤其是企业内部缺乏与财务管理数字化转型相适应的高素质、复合型财会人才。现有人员尚未形成全局性的数字化转型思维，中层管理人员对数字化转型理念认识不充分，财务人员数字化能力不足，业财技融合不够。在转型过程中，企业各专业、各层级人员缺乏缜密分析和积极性，往往"赶鸭子上架"，勉强完成领导或上级转型要求，数字化技术如何与具体的业务应用场景相结合并未明确。

（二）财务管理数字化转型带来的机遇

通过财务管理数字化转型，实现数"智"提质，稳步推进财务服务员工、服务管理、服务业务、服务监管的能力。以开展新技术、新工具在财务领域的应用研究为基础，创新数据洞察和应用手段，实现全业务移动核算、发票识别及自动认证、项目全链条管控、全场景数据分析上线应用，驱动企业业务数字化、管理精益化、平台智能化，为企业提质增效、优质服务提供更精益、更精细、更精准的支撑服务。具体来说，财务管理数字化转型将从以下方面为企业带来机遇。

1.赋能员工效率最大化

随着企业财务管理数字化转型的持续推进，大量重复性、繁琐类工作问题得到了根本性解决，传统的人工操作模式转变为一键自动执行，工作模式迎来质的飞跃，实现用最少的时间办最重要的事情，充分解放了员工劳动力，显著降本增效，减轻员工负担。以需求为导向，聚焦员工个性化应用建设需求，以数字化技术为抓手，优化数字化建设管控模式，搭建员工需求反馈通道，建立及时响应机制，切实满足员工便捷作业、灵活办公、敏捷服务等方面需求，打通财务管理数字化最后一公里，实现远程提报、远程审核、远程沟通，最终做到最小人员规模、最快系统响应、最高沟通效率。

2. 提升管理决策有效性

从数据完整性、数据规范性、数据准确性等维度洞察数据质量，通过智慧应用平台可视化分析挖掘管理规范"薄弱点"及数据质量"治理点"，促进信息反映精益，夯实业务场景数字化基础。以多维数据中台建设成果为数据基础，以关联交易协同抵销、资金协同抵销、凭证协同抵销结果为依据，以抵销双方单位性质为支撑，以"科目＋维度"抵销的方式，通过微应用等信息化技术手段，自动生成业务抵销底稿，实现报表抵消自动化，有效提升合并报表编报效率，保证报表信息真实、准确，增强会计信息服务能力。

3. 推动财务流程智慧化

一是业务流程自动化。通过提升财务系统及采购业务流程功能优化，以实现业务线上审批、统一单据样式并实现自动套打，真正做到"单据多跑路、员工少跑腿"。二是加快财务一体化、无纸化、智能化建设。切实保障会计档案电子化建设，全面贯通预算、合同、发票、核算、资金等全价值链数据，建立预算全链条、工程全过程、资产全寿命、资金全流程等线上管控机制，升级数字化财务管理能力，推动财务管理智慧化。

4. 构建税务治理新生态

发票作为市场经济价值传导的重要载体和关键要素，其信息的安全性、合规性关乎企业经营发展大局。通过财务数字化转型，实现"总对总"税企直联，一方面可直联税务总局电子底账库采集发票数据信息，有效防范数据泄露和被滥用风险；另一方面通过与内部信息系统集成对接，可在内网环境同步开展发票验真、认证，促进效率提升和成本节约。

此外，"总对总"税企直联还将实现企业发票信息统一集中管理，助力智慧财税共享升级。加快建设企业统一发票服务中心，实现全票种、全票量数据归集；强化发票共享服务能力，支撑"业—财—税"一体化业务合规应用；深化进销项发票管理应用，实现发票全生命周期智能化管理。通过打造以发票要素管理为核心的"数据＋服务"双引擎，推进企业税务管理标准化、数字化、共享化、智慧化转型，构建企业税务治理新生态。

二、财务管理数字化转型存在的问题

（一）财务管理数字化转型人才缺乏

面对财务管理数字化变革浪潮，数字化复合型人才炙手可热，成为企业间争抢的对象。由于数字化人才供给的短缺以及市场对数字化人才需求的旺盛，导致企业之间人才竞争激烈。企业市场占有率较低、规模较小，一般在市场竞争中都处于弱势地位，加之受自身条件所限，没有足够的人才储备，在人才招聘方面，薪资福利相对大企业偏低，不具有优势，财务管理数字化人才逐渐向占据优势的大企业聚集。在人才培养方面，员工的晋升发展空间不大，导致财务管理数字化人才难引进、来了留不住。在企业内部，财务人员能够接受数字化专业培训教育的机会有限，加上其思想观念相对落后，很难跟随数字化时代发展的步伐，综合能力偏低。这种数字化人才外部不好招、内部培训难的短缺情况，会严重影响企业财务管理的数字化转型。

（二）企业对数据资产管理不够重视

在传统的财务管理中，实物资产的管理占据重要的地位。在财务管理数字化转型中，数据管理没有得到重视。数据作为一种新型的资产，在使用、质量、安全、盘点、价值评估、期限等方面，比实物资产的管理难度更大。数字化时代，数据的管理能力是指企业是否能够在大量且类型丰富的数据中发掘出富有价值的信息，并深度分析数据背后的逻辑和商业信息，这是企业能否完成财务管理数字化成功转型的关键所在。

（三）财务管理模式阻碍转型升级

一方面，当前财务管控流程存在信息传递的滞后性，缺乏事前预测，事后监督发挥的作用受到限制，同时事中控制效率不高，无法与业务一起监控企业运营和财务风险。

另一方面，财务管理效率低下，具体体现为报销效率、财务结账和出表效率不高，距离实时反映财务情况还有较大差距，财务效能无法得到充分发挥。此外，部分企业的财务规范标准、会计核算标准和资金管理标准的执行上还存在偏差。

（四）财务数字化管理思维转变较难

推进财务管理数字化转型主要是转变财务人员的思维观念。部分财务人员的传统思维会把相应的监督、输出标准财务会计报告作为企业财务部门的基本职能要求。管理会计领域，无法轻易改变企业财务工作者相应的思维方式，并不熟悉企业相关业务的基本情况和所涉及的价值链基本运行状态，难以为业务提供有效支撑。因为受到相关的信息量、数据不断扩大及外部各项环境条件不确定性因素的影响，要求企业组织稳步提升在决策过程中的效率与专业性。因此，转变财务人员的思维观念、增强他们的财务意识，对增强其实际作用、提升综合价值具有积极效果。

（五）内部业务与财务工作有差距

在现代化的观念中，内部业务和财务工作同时进行，相互之间可起到指导作用。事实上，大部分企业并未彻底实现内部业务与财务工作的同时进行，两者之间还有很大差距。构成这一现象的根本原因是企业对财务功能的认识还滞留在传统模式下。认为财务部门只需要负责收支数据、成本数据等表面性的财务工作，财务工作人员没有办法管控内部业务。内部业务和财务工作间没有互通，较为独立，这就致使企业在运营上缺少强有力的支持，无法达到预期的实际效果。

（六）财务管理数字化转型基础薄弱

目前，部分企业处在信息化的初级阶段，根据企业的发展阶段，陆续会使用到办公自动化系统、固定资产管理系统、进销存管理系统、业务管理系统、人力资源管理系统、资金管理系统、客户管理系统等。由于没有统一的规划，这些管理系统常常会存在数据标准不同、兼容性差、数据库独立分散的问题，形成信息孤岛，互相之间打通数据存在一定的难度，不易集成，导致企业信息化管理的程度整体较低。由于没有数据共享，不同的管理系统又服务于不同的业务和部门，常常又出现相同的数据重复录入不同的系统，不同的系统导出的数据又经常不一致。由于管理系统无法提供准确的数据信息，又出现不重视维护和使用系统的问题，以至于管理系统成为方便数据查询和汇总的工具，并没有起到改善企业管理的作用，更谈不上为企业创造绩效。

企业规模小、整体实力弱，使得企业更愿意把有限的资源投入产品再生产中，在财务管理数字化转型上的投入十分有限。财务管理数字化转型涉及企业文化、战略思维、经营理念、组织方式、业务流程、内部管控等方方面面的革新，改革周期长、复杂多变，需要软件技术、硬件设备的持续不断投入，是一个系统性工程。对信息化初级阶段的企业，需要边完善信息化，打通各系统、各部门的数据流转，边筹备财务管理数字化转型升级，导致企业转型成本高。

（七）财务数据治理能力有待提高

当前数字技术的进步、数字产业的发展大大推动了财务行业的更新迭代，学术界和实务界纷纷开始探索智能财务建设实施路径，搭建数字化的平台、引入新的信息系统或人工智能技术成为数字化建设的重要环节。但怎样将分散的、繁复的、不可比的原始数据，高质量地提供给企业搭建的财务信息系统平台，最终为决策提供有效依据往往成为容易忽略的关键，若企业采集的原始数据或数据比较的维度一旦偏离了原本反映的经济实质，则后续很难提供决策有用信息。

因此，企业在搭建数字化系统前，梳理企业数据来源和数据类型，定义数据标准和规则，完善数据治理的底层逻辑，按照"数据治理—系统建设—系统集成"的模式开展财务管理数字化转型工作，确保各系统底层数据标准化，为财务数据的多维度分析提供可比基础，并满足多样化的决策信息需求。

（八）财务管理数字化转型战略规划不清晰

数字经济的飞速发展以及数字化技术应对风险的能力，一定程度上激发了部分企业实施财务管理数字化转型的动力，企业意识到数字型企业应对突发风险的能力远高于传统企业，开始关注产业数字化的影响及企业自身的财务管理数字化转型；同时，随着国家大力发展数字经济相关政策的出台，部分企业开始积极响应号召，实施企业财务管理数字化转型。但企业在顺应时代发展，推行财务管理数字化转型的过程中，往往缺乏对企业财务管理数字化转型的深度挖掘，缺乏对企业财务管理数字化转型战略目标的规划，忽视了转型的目标和要解决的根本问题，而是跟随外部环境风向开展的一项"时尚"活动。对此，企业在确定实施财务管理数字化转型前应对企业自身的实际情况进行剖析，根据企业发展需求制定符合企业发展的战略规划和目标定位，避免因盲目跟风产生资源浪费和管理错配成本，切实通过财务管理数字化转型达到推动企业整体提质增效的目的。

（九）企业对财务管理数字化转型认知不足

企业由于自身条件和资源的局限，对财务管理数字化转型的理解程度不够，认知肤浅，没有发现财务管理数字化转型对企业的价值，不但对财务管理数字化转型的内涵、财务管理数字化转型的必要性不了解，更不了解财务管理数字化转型的实施路径与方法。财务管理数字化转型是全方位的变革，涉及企业文化、战略思维、经营理念、组织方式、内控流程等方方面面，需要从企业整体全盘谋划。

第三节 财务管理数字化转型的路径

一、树立数字理念

企业在财务管理数字化转型中，"一把手"的态度和参与度对企业财务管理数字化转型能否成功起着关键性的作用。如果"一把手"没有意识到财务管理数字化转型的重要性和急迫性，企业财务管理数字化转型成功的可能性就几乎为零。"一把手"需要有开阔的视野和发展的思维，能够对新商业模式、数字化技术有极度敏感的洞察力，能够充分认识到数字化转型给整个企业带来的价值，敢于抛弃传统的管理理念，积极创新，勇于探索，将决策观念从传统经验判断向数据驱动决策转变。同时，作为财务管理数字化转型的引领者，"一把手"要能够培养中高层管理人员和基层人员的数字意识，自上而下树立数字理念。作为财务管理数字化转型的决策者与推进者，"一把手"需要在战略思维、企业文化、组织结构、商业模式、流程规范等方面综合运用数字化的逻辑，推进自我变革与数字化赋能，为财务管理数字化转型提供必要条件，以支持新的数字业务和商业模式，实现整个企业数字化战略转型的落地。

二、强化财务信息化建设

信息化建设是实现财务管理数字化转型的前提条件，也是落实财务共享模式的有力保障，应充分发挥信息技术的应用优势，促进企业的持续稳定发展。在以往的财务管理模式下，尤其是对于大型企业、有多个分公司的集团企业而言，很难做到集中化管理，资金十分分散，每个分公司之间的系统十分独立，信息交流不通畅，给财务管理数字化转型带来了较大阻碍。而在财务共享服务模式下，可建立完善的信息系统平台，保证了渠道的畅通。财务信息系统包括业务层、核算层、管理层、决策层这四个层面，主要工作内容包括数据收集、财务业务处理、管理控制、业务决策等。此外，在财务共享模式的应用下，能够实时了解分公司财务工作的开展情况，工作效率得以保障。

三、提前做好数字化转型规划

（一）做好财务评估

在推动数字化转型的过程中，想要充分发挥财务共享模式的应用优势，就要提前对企业的财务状况进行评估，领导人员和财务人员都要转变思想理念，在原有的财务管理政策和工作方式上进行创新。财务部门、管理层应深入了解财务共享模式的应用优势，并周全考虑不同部门工作上做出的调整。为了给财务共享模式建设创造可行的条件，避免受到其他各方面因素的影响，可以优化内部组织结构，成立专门的财务项目评估部门，由信息技术人员、财务人员、决策者来担任小组成员，让财务评估能够开展得更为顺利，同时也可保证结果的真实性和准确性。在收集到相应的信息之后，可对数据资料进行整理和归档，并以评估报告的方式呈现，为企业财务管理的数字化转型奠定坚实的基础。

（二）做好财务规划

在评估工作完成后，企业基本确立了财务共享模式，应根据财务实际情况和项目评估报告数据开始财务规划。在这个环节中，应为财务共享中心的建设创造良好环境、条件和资源，排除技术、标准等各方面的影响因素，确保共享中心能够有效运行。

（三）做好财务运行

企业应根据其实际需要，针对性地开发财务数据系统，在财务共享模式下，充分发挥大数据技术、物联网技术的应用优势，完善信息交流反馈渠道，使共享服务更加健全、完善。

四、在企业内部构建数字资产

现代信息科技与互联网平台的发展使得电子商务的发展不断深化，在此情况下数字资产的理念在企业财务管理中的重要性不断提升。数字资产可以对资产信息及数据进行全面整合，并以更为便捷的方式进行商务活动，使供需匹配以数字化的形式进行，而这也可以反映出共享经济的发展形势。

以工业企业为例，企业在财务管理数字化转型中需要根据企业的实际运营条件及生产结构来进行数字资产的构建，工业企业需要进行数字工业的建设，针对实际的运用场景来开发工业 App，目前国内已经有许多较为成熟、完善的工业 App 可供使用。在数字工业中将其所涉及的设备以及知识进行整合，并根据企业经营情况来结合消费领域 App，以此来对企业资产进行全面的联系，从而以数据驱动来对工业生产过程、经营过程进行控制，做到集成信息、协同信息的要求，加强对企业数字资产的管理。

五、建立数字化转型的财务思维

数字化时代下的财务人员必须具备自我革新精神，需要在探索、试验、创新的基础上逐步培养数字化转型财务新思维观念。

（一）服务战略思维

需要全面增强财务创新战略思维意识，需要在服务战略基础上，全面分析相关的环境影响因素，深入研究其商业模式，需要对其战略目标进行系统预算、分解处理，稳步增强全面预算对投资决策、经营预测、考核评价的支撑效果，更好地发挥战略性业绩评估导向作用，确保资源合理配置与战略落地，稳步提高财务管理质量与综合效率，全面提高组织对外风险抵御水平，有效推动发展战略的稳步达成。

（二）业财融合思维

深化业财融合对了解用户的实际需求具有积极影响，对终端价值信息传递具有积极作用，有利于实现供应链中相关组织信息共享效果与生态协调发展，对增强高端客户的体验感具有积极作用。

因此，在数字化时代，需要全面培养财会人员的业财融合思维，推动业财融合的高质量发展，为制订相应的战略决策提供重要的参考价值，从而推动战略目标的顺利达成；稳步推进日常经营活动业财融合进程，需要在产品和项目的全生命周期中渗透财务管理行为；鼓励企业财务工作人员积极参与各项业务，加深对业务的理解，为企业各个环节的业务和各个层级的决策提供重要的参考信息和价值。

（三）协同共享思维

更好地发挥协同共享的积极作用，对组织数字化转型发展思维观念与模式创新意义重大。在今后一段时间内，产业链与平台竞争将会占据主导。因此，企业应积极发挥组织协同与资源共享优势，全面提高供应链集成管理水平，确保经营管理信息整合与复用的能力增强。树立协同共享思维对推动财务创新具有重要影响，需要稳步提升财务共享中心组织业务匹配、高质量效果；全面提升纵向协同共享能力，对重复性、标准化业务进行有机融合，同时需要增强业务集中处理能力，进而确保提高效率、整合资源、降低成本、促进服务目标的顺利达成；在横向协同共享方面，需要实现财务管理工作同业务活动之间的有机衔接，这对构建完整信息资源共享机制意义重大。

（四）数字化管理思维

现阶段，随着企业业务范围的扩大，相应的组织经营所产生的数据更多，积极应用"大智移云"信息技术，不断提高数据决策能力，有利于实现研发、设计、采购、生产、营销各项价值。

因此，财务创新必须立足于核心业务场景数字化发展需求，有效整合生产经营系统数据；立足于大数据、人工智能等基础，确保数据自动挖掘、处理、分析顺利达成，为高效数据处理与决策提供重大支撑。

（五）风险管控思维

由于组织经营环境会受到外界各种不确定性因素的影响，对此，企业应逐步增强风险管理意识，并积极培养守法至上、依法理财意识，相应的生产经营活动需要立足于合规的基础上；完善内控体系，并根据实际情况对其进行合理调整，全面提升内控执行能力，引导其运作朝着规范化方向发展；构建财务风险评估预警机制，结合实际情况制订行之有效的解决方案，并应用科学的识别和评估方法，以确保风险的可控性，逐步完善相应的财务风险管理长效机制，并逐步实现从传统风控到智能风控再到群智风控。

六、做好数字化转型的顶层设计

财务管理数字化转型是一个系统性的工作，作为企业数字化转型的起点，应该上升到企业的战略高度做好顶层设计。顶层设计是实施财务管理数字化转型的基础，主要包括财务管理数字化转型目标的确立，企业财务管理数字化共识的建立，财务业务流程梳理与再造，业务场景的设计与搭建，实施架构的优化与完善，业务与数字、数字与技术实现交互对应的逻辑梳理等财务管理数字化转型实施必须思考和解决的内容。顶层设计是企业财务管理数字化转型的整体架构，涉及数字化管理模式设计、数字化系统搭建、数字化业财融合场景处理等问题，关系到数字化建设落地实施效率的高低以及财务管理数字化转型实施效果的优劣，对财务管理数字化转型起到至关重要的作用。虽然财务管理数字化转型需要不断的优化与迭代，但是在财务管理数字化转型建设的初期就将顶层设计的科学性与适当性作为重要目标加大投入，将大大提升财务管理数字化转型实施的可行性，适合企业实际发展的财务管理数字化转型设计将在实施中起到事半功倍的效果。因此，企业在实施财务管理数字化转型时应高度重视财务数字化建设的顶层设计，只有做好方向性、系统性的工作，财务管理数字化建设才能高效开展。

七、构建数字化转型的支撑体系

（一）再造组织架构

企业财务管理数字化转型是企业财务管理的一次重大变革，需要重新梳理业务场景、再造业务流程、定义财务业务规则等，在信息技术与数字新基建的基础上搭建新的链接，因此需要重新构建与财务管理数字化建设相匹配的组织架构，在企业整体的职能架构中，企业财务的组织定位和结构设计既要适合企业财务的发展阶段，又要适合用户的业务特点，根据实际情况可选择定位为职能部门、职能部门的一个分支机构或企业下属独立分支机构。在企业财务的内部组织架构中可以按照财务职能划分或业务板块划分组织，或者采取二者的混合模式，采用专业化分工的方式进行组织设计，推动企业财务在数字化管理模式下优化结构，提升效率。

（二）重组人才队伍

企业数字化转型的设计和实施最终是要落到具体的人员身上，企业实施财务管理数字化转型需要的人才包括四类：一是财务数字化领导人才，也就是战略财务，既具备敏捷的数字化思维与数字化顶层设计能力，又具备财务专业化及管理知识，能自上而下推进数字化转型的高级管理人才。二是支持数字化转型的业财专业人才，也就是管理会计，能够将具体业务与财务思维相结合，解决具体业务问题的管理会计专家。三是应用财务会计，在财务管理数字化场景下执行具体财务工作的应用人员。四是技术会计，将信息技术与财务需求融合的数字化财务人员，兼顾信息专业技术与财务业务管理复合型人才。企业需要推动原有财务人员的转型，提供不同财务人员类型的专业化培训，培养数字化管理模式下的综合性财务人才，建立全面的工作指导体系，组建与组织发展相匹配的人才队伍。

（三）转变文化观念

企业财务管理数字化转型融合了先进的信息技术及管理方法，是在组织内部开展的一次变革行为，需要向全体员工传达新的理念，由过去注重结果、强调稳定的文化转变为强调变革文化、创新文化、试错文化。转变员工文化观念，通过宣传和培训对员工进行观念的再造，可以考虑从某个局部区域试点，再复制到其他区域，循序渐进，让员工有一个逐步接受的过程，以点带面来推动整体的财务数字化转型。

八、建立企业财务智能化管理系统

目前，在多数现代企业中信息化的建设逐步完善，同样的现代科技的发展也为企业财务工作提供了更多的支持，在财务管理数字化转型中可以融入智能技术来推动财务工作的智能化管理，从而使财务工作可以满足现代企业集约化、精细化的管理要求。在企业财务智能化管理系统的建立上需要注意其以大数据作为核心部分，这也是实现智能商业的基础条件，并运用大数据技术、智能技术、云计算技术、信息技术来对企业财务数据进行深入挖掘，将企业各类财务信息转化为数据，对企业运营情况进行直接反映，并在智能商务所构建的企业财务信息网络下实现对企业内部财务有效联合的目的。

九、重视制度建设以及科学设计组织

在企业推动财务管理数字化转型工作时，需要结合财务管理数字化转型情况，科学创建转型制度及组织层级。一般来讲，应从下面几方面加以完善。

首先，优化财务制度，财务转型无须耗费大量物力及人力，但是需要对应人员参照指定的规章制度，完成系统化操作工作。为此，就应结合财务业务处理流程，明确制度标准。比如，在财务核算制度以及财务监督制度、审批制度等方面，都应加以优化处置。通过相关制度，进一步规范员工行为。

此外，要重视组织设计，结合财务数字处理情况，优化组织层级。比如，在创建财务共享服务中心时，应重视每一部门的组织幅度以及层次，并结合财务业务处理情况，科学设置部门，优化财务决策部门、核算部门、审计部门工作内容，保障部门与部门间高效沟通，增强信息流畅度，提高财务效率。

最后，在创建数字化运营平台之际，应选择实力较强的软件设计企业，并且要针对相关企业财务状况进行全面剖析，组建专业的信息系统以及共享服务中心，并且做好后期的软件维护及软件更新工作，全面增强财务处理效率和质量。

十、利用组织创新实现标准化的基础数据

在数字化时代下，相应的组织结构需要朝着去中心化、去层级化方向发展，主要关注客户需求与协同共享。传统的财务管理组织并未重视组织智能化制造、个性化定制、生态化经营基本需求，对此，需要全面创新财务组织方式。

（一）推进业财融合

财务人员需要不断强化业务洞察商业逻辑，积极发挥信息技术的有效作用，全面提高财务管理工作效率，需要更好地发挥彼此相互促进的作用。

在数字化时代，财务创新需要更好地发挥业财融合的优势效果，组织财务管理立足于大数据等信息技术基础，确保相应的数据收集、建模、分析流程有序推进，并更好地利用人工智能的技术优势，全面增强人和机器之间的深入学习、互动效果，旨在对组织的高效财务流程发挥重要的规定引导作用，有利于降低综合成本费用投入，提升效率，这对赋能组织价值创造意义重大。

（二）建立不同权责的财务管理系统

企业财务人员需要全面加深对相关业务的掌握，确保稳步提升其业务与市场洞察能力和反应速度。需要组建项目财经团队，提高响应速度，这对增强业务前端综合竞争策略可行性具有积极作用。

（三）持续提高财务中心的工作效率

财务中心需要不断提升共享经营管理信息整合与复用能力，在信息系统中达到工作的可类比、标准化、可衍生效果，由此发挥交易事项标准化、流程化再造优势，逐步降低相应的管理成本，增强其综合效率。

（四）通过财务中心提高数据的标准化

数据应用需要建立在数据标准化的基础上。因此，强大的财务中心对组织发展具有十分重要的作用，在提供标准化、可复用数据服务方面能够发挥积极作用，确保数据资源集约共享与规模效应顺利达成。后台财务逐步朝着聚焦大数据、算法、模型方向发展，同时将相应的应用场景进行有机融合，为决策系统提供重大的支撑作用，以有效支持组织经营决策。

参 考 文 献

[1] 于广敏．企业财务管理与资本运营研究 [M]．长春：东北师范大学出版社，2016．

[2] 刘珣．企业财务危机管理研究 [M]．武汉：武汉大学出版社，2017．

[3] 景秋云，吴萌，吴韶颖．财务管理理论与实务研究 [M]．北京：中国商业出版社，2017．

[4] 王瑾．企业财务会计管理模式研究 [M]．北京：北京工业大学出版社，2017．

[5] 姬潮心，王媛．大数据时代下的企业财务管理研究 [M]．北京：中国水利水电出版社，2018．

[6] 徐静，姜永强．企业财务管理与内部控制体系构建 [M]．长春：吉林出版集团股份有限公司，2018．

[7] 李艳华．大数据信息时代企业财务风险管理与内部控制研究 [M]．长春：吉林人民出版社，2018．

[8] 常立华．企业财务危机机理研究 [M]．成都：西南交通大学出版社，2018．

[9] 董俊岭．新经济环境背景下企业财务会计理论与管理研究 [M]．北京：中国原子能出版社，2018．

[10] 阮磊．内部控制与企业财务管理绩效研究 [M]．长春：吉林大学出版社，2019．

[11] 袁利虹．新常态下国企财务管理与会计工作前沿问题探究 [M]．北京：北京理工大学出版社，2019．

[12] 李俊秀．企业财务管理的转型与创新研究 [M]．昆明：云南人民出版社，2019．

[13] 武建平，王坤，孙翠洁．企业运营与财务管理研究 [M]．长春：吉林人民出版社，2019．

[14] 董艳丽．新时代背景下的财务管理研究 [M]．长春：吉林人民出版社，2019．

［15］张秋来 . 利益相关者管理对企业财务绩效的影响研究 [M]. 北京：中国社
会科学出版社，2019.

［16］杨林霞，刘晓晖 . 中小企业财务管理创新研究与改革 [M]. 长春：吉林人
民出版社，2019.

［17］胡娜 . 现代企业财务管理与金融创新研究 [M]. 长春：吉林人民出版社，
2020.

［18］付艳 . 小企业财务核算与管理研究 [M]. 沈阳：辽宁大学出版社，2020.

［19］胡椰青，田亚会，马悦 . 企业财务管理能力培养与集团财务管控研究 [M].
长春：吉林文史出版社，2020.

［20］米学博 . 数字化时代下的财务管理探讨 [J]. 中国乡镇企业会计，2019（01）：
240-241.

［21］柳青 .RPA 技术在财务管理数字化转型中的应用实践研究 [J]. 质量与市场，
2020（22）：1-3.

［22］孔祥宏 . 基于数字化、共享化背景下财务管理模式创新研究与实践 [J]. 中
国煤炭，2021，47（02）：41-45.

［23］肖凯 . 数字化时代财务管理的机遇与挑战 [J]. 纳税，2021，15（09）：
84-85.

［24］石雨松，张尧 . 后疫情时代企业财务管理的数字化转型策略研究 [J]. 国际
商务财会，2021（14）：29-31.

［25］屠伟军 . 数字化转型背景下财务管理工作的改进分析 [J]. 当代会计，2021
（24）：58-60.

［26］罗苑 . 智能财务对企业数字化转型作用分析 [J]. 现代商业，2021（29）：
187-189.

［27］石雨松，张尧 . 后疫情时代企业财务管理的数字化转型策略研究 [J]. 国际
商务财会，2021（14）：29-31.

［28］邹有鑫 . 浅析企业财务管理数字化转型 [J]. 财务与会计，2021（23）：
80-81.